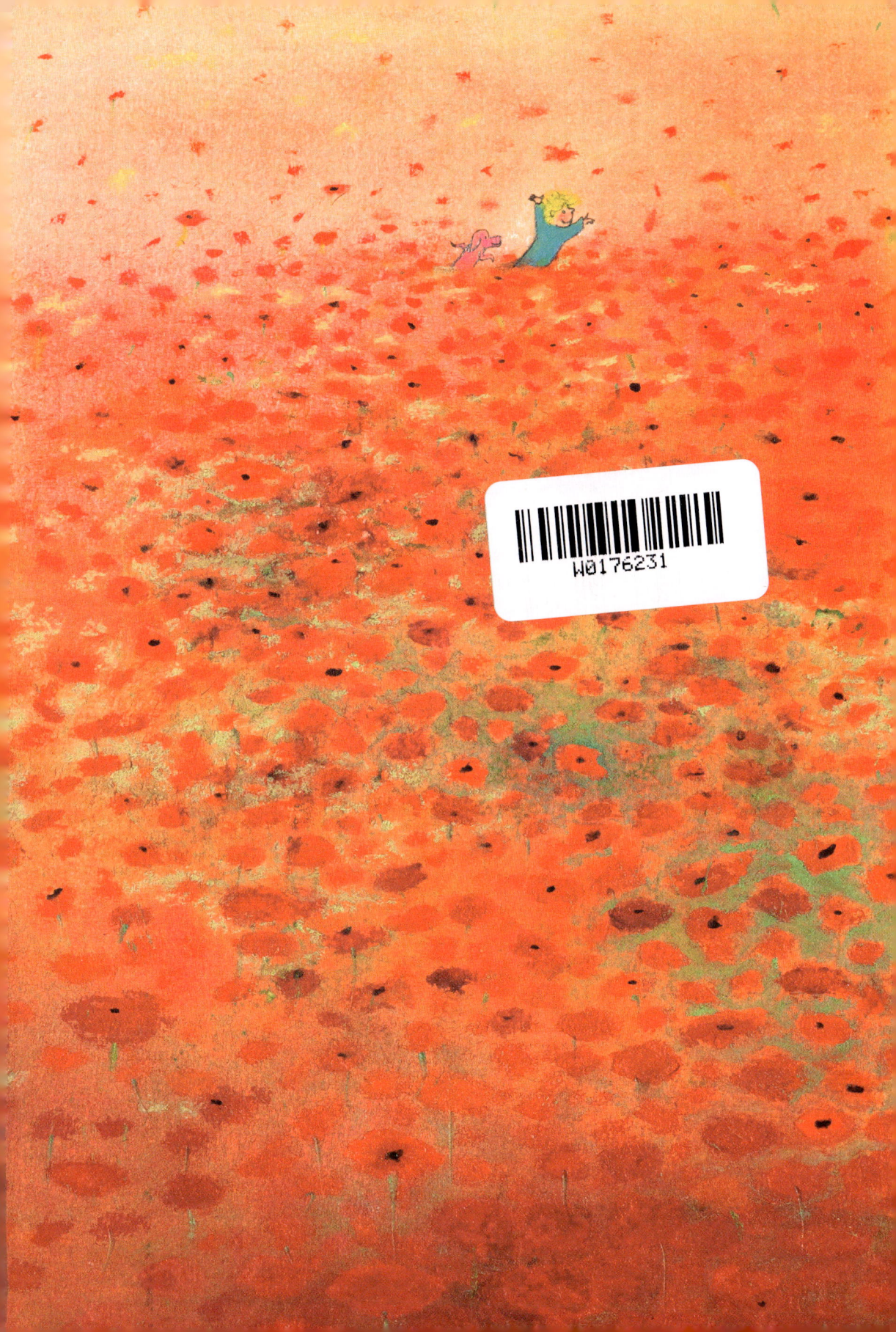

Zur Erinnerung an Chris Burger
und gewidmet meiner
Schwiegerfamilie,
die mir lieb und teuer ist.

Du bist mein allerbester Freund

Sjoerd Kuyper

Du bist mein allerbester Freund

Vorlesegeschichten von
Robin und Schnuff

Mit farbigen Illustrationen von Marije Tolman
Aus dem Niederländischen von Eva Schweikart

Thienemann

Der Autor **Sjoerd Kuyper**, geboren 1952 in Amsterdam, hat mehr als vierzig Bücher geschrieben, von denen viele Preise gewonnen haben und verfilmt wurden. Außerdem schreibt er Texte für Fernsehserien, Kinofilme und für das Theater. 2012 wurde er mit dem Theo Thijssen-Preis für sein Gesamtwerk ausgezeichnet.
Mehr unter: www.sjoerdkuyper.com

Die Illustratorin **Marije Tolman**, Jahrgang 1976, studierte Grafik, Typografie, Illustration und Design an der Königlichen Kunsthochschule in Den Haag und am Edinburgh College of Art in Schottland. Ihre Bücher wurden mit zahlreichen Preisen ausgezeichnet unter anderen mit dem renommierten Bologna Ragazzi Award und dem Troisdorfer Bilderbuchpreis. Sie lebt und arbeitet als Illustratorin in Den Haag.
Mehr unter: www.marijetolman.nl

Weitere Vorlesegeschichten von Robin:
Robin und Schnuff – Geschichten zum Vorlesen

Mehr über unsere Bücher, Autoren und Illustratoren auf www.thienemann.de

Die Übersetzung dieses Buches wurde von der niederländischen Stiftung für Literatur gefördert.

Nederlands **letterenfonds** dutch foundation for literature

Sjoerd Kuyper
Du bist mein allerbester Freund – Vorlesegeschichten von Robin und Schnuff
978 3 522 18437 3

Aus dem Niederländischen von Eva Schweikart

Gesamtgestaltung: Marije Tolman
Einbandtypografie: Michael Kimmerle
Innentypografie: Eva Mokhlis
Reproduktion: HKS-artmedia GmbH
Druck und Bindung: Livonia Print

© 2016 Thienemann in der Thienemann-Esslinger Verlag GmbH, Stuttgart.
Printed in Latvia. Alle Rechte für die deutschsprachige Ausgabe vorbehalten.
Copyright © 2011 by Lemniscaat, Rotterdam, The Netherlands
First published in The Netherlands under the title *O rode papaver, boem pats knal!*
Text copyright © 2011 by Sjoerd Kuyper
Illustration copyright ©2011 by Marije Tolman
All rights reserved. No part of this book may be reproduced, transmitted, broadcast or stared in an information retrieval system in any form or by any means, graphic, electronic or mechanical, including photocopying, taping and recording, without prior written permission from the publisher.

INHALT

Neu 7	Fantast 64
Froschaugen 11	Speicher 68
Neck 14	Banane 73
Murmel 18	Fieber 78
Stark 21	Küks 81
Heumännchen 25	Brezeleimerschlange 85
Dumm 30	Anrufen 90
Boot 33	Held 95
Dusche 37	Monster 99
Stampf 38	Stopfen 105
Lift 42	Zauberspruch 109
Hahaha 45	Sauber 113
Ansteckend 50	Küssen 117
Brücke 55	O 123
Park 60	Ende 127

Neu

Draußen im Garten sitzen auf einem Baum auf einem Ast zehn Spatzen, ordentlich nebeneinander, und tschilpen. Drinnen im Haus liegen in einem Zimmer im Bett, ordentlich unter der Decke, Robin und Schnuff. Robin wacht von den Spatzen auf. Schnuff nicht.

Robin reibt sich die Augen. Er schlägt die Decke zurück und schwingt seine Beine aus … He! Er schwingt seine Beine … Halt! Er schwingt seine … Au! Es geht nicht. Er bekommt die Beine nicht aus dem Bett! Was ist da nur los?

Robin setzt sich auf und sieht sich um. Er ist in seinem neuen Zimmer im neuen Haus. Und hier steht sein Bett andersherum. Das ist der Grund. Robin nimmt Schnuff auf den Arm.

»Du musst hier gut aufpassen, Schnuff«, sagt er. »Schau mal, im alten Haus sind wir an dieser Seite aus dem Bett gestiegen, aber wenn man das hier macht … Bong.«

Schnuff haut sich die Nase an der Wand an.

Schnuff ist Robins bester Freund und sein Kuscheltier. Er ist ein Schweinchen. Schnuff schläft die ganze Nacht, den halben Tag und noch ein paar Stunden mehr. Nicht einmal wenn er sich die Nase anhaut, wird er wach. Er schläft einfach weiter. Schnuff kann nicht sprechen, trotzdem weiß Robin immer, was Schnuff denkt und was er sagen will. Und auch, was Schnuff träumt. Jetzt gerade träumt Schnuff von einem Regenschirm. Der Schirm hat große Löcher, aber das ist nicht schlimm, denn in Schnuffs Traum scheint die Sonne. Sie wärmt seinen Kopf.

»Schau mal, Schnuff«, sagt Robin. »In unserem neuen Haus müssen wir an der anderen Seite aus dem Bett steigen.« Er schwingt seine Beine an der anderen Seite aus dem Bett und stellt die Füße auf den Boden. »So geht das! Hast du gesehen?«

Schnuff hat das alte Haus schon vergessen. Robin nicht. Vor vier Wochen, zu Beginn der Sommerferien, sind sie umgezogen: Robin und Schnuff und Mama und Papa und Suse. Vier Wochen ist das schon her! Und immer noch will Robin jeden Morgen an der falschen Seite aus dem Bett steigen.

Vorher haben sie im Haus gegenüber dem von Onkel Klaas und Tante Betty gewohnt, jetzt wohnen sie in dem Haus neben der Schule. Vorher war Papa Lehrer, jetzt ist er Rektor, der Chef von der ganzen Schule. Darum dürfen sie in dem Haus neben der Schule wohnen. So ist das zugegangen.

Aber sie wohnen noch im gleichen Dorf. Wenn der Postbote einen Brief für Mama oder Papa hat und ihn aus Versehen zum alten Haus trägt, können sie sich mitten auf die Straße stellen, mit den Armen winken und rufen: »Huhu, Postbote! Wir wohnen jetzt hier!« Dann läuft alles richtig, und sie bekommen den Brief.

Es ist still im neuen Haus. Draußen tschilpen die Spatzen, und eine Taube gurrt – ruckedigu, ruckedigu – ein Lied, aber im Haus ist es still. Im alten Haus war es immer normal still, hier ist es viel stiller. Mama und Papa schlafen bestimmt noch.

Robin weiß nicht mehr so recht, wie das neue Elternschlafzimmer aussieht. Oder er weiß es noch nicht so recht, das kann auch sein. Neben Mama und Papa hat Suse ihr Zimmer mit ihrem Bettchen und den bunten Vorhängen und den Bildern an den Wänden.

Suse ist Robins kleine Schwester und noch ein Baby. Ihre Haare sind hellblond, fast weiß. Manchmal aber, wenn Mama ihr die Haare zu einem Kamm aufbürstet und die Sonne auf Suses Köpfchen scheint, wirken die Haare rosa. Fast rot.

»Suse sieht aus wie ein kleiner Hahn«, sagt Papa dann. »Kikeriki mit dem roten Kamm.«

Suse kann wie-wie sagen und kri-kri und paff und bullebull. Sonst nichts. Trotzdem weiß Robin immer, was sie denkt. Und auch, was sie geträumt hat. Das erzählt er jedem, der es hören will. Robin ist nämlich schon fünf und kann quasseln wie zehn Spatzen auf einem Ast. Wenn man nicht aufpasst, quasselt er einem die Ohren vom Kopf. Und die Nase dazu.

Robin will, dass die anderen aufwachen. Jetzt gleich. Und dass sie alle zusammen frühstücken. Draußen im Garten. Das geht, weil Sommer ist.

Er will vollends aufstehen und über den Flur zu Mamas und Papas Schlafzimmer. Dort tüchtig Anlauf nehmen und aufs Bett springen. Plumps! Guten Morgen!

Aber da ist ein Problem.

Der Wolf.

Wenn man von Robins Zimmer zum Elternschlafzimmer geht, muss man an der Treppe vorbei. Das geht nicht anders. An der Stelle ist es immer ein bisschen dunkel. Und oben an der Treppe ... lauert ein großer grauer Wolf. Obwohl Robin den Wolf noch nie gesehen hat, weiß er, dass er da ist. Er spürt das. Der Wolf hat scharfe Zähne und gelbe Augen. Augen wie aus Gold. Manchmal hört Robin den Wolf leise knurren. Dann hat er Hunger. Wenn Mama und Papa dabei sind, verschwindet der Wolf für kurze Zeit und versteckt sich. Denn vor Mama und Papa hat er Angst. Wenn Robin aber allein ist und zum Beispiel nur seinen dünnen Schlafanzug anhat, dann ...

Im alten Haus gab es keinen Wolf.

Mama und Papa sollen ruhig noch ein Weilchen schlafen, denkt Robin. Und Suse auch.

Mit Schnuff unter dem Arm steht er auf. Er zieht den Vorhang auf. Die Sonne scheint so grell, dass Robin nichts als Licht sieht. Er kneift die Augen zu. Dann macht er sie langsam wieder auf und späht durch die Wimpern.

Hinter dem Vorhang ist nicht nur ein Fenster, sondern auch eine Tür. Wenn man durch diese Tür geht, steht man auf der Dachterrasse. Sie hat ringsum ein Geländer. Wer runterfallen will, muss erst über das Geländer klettern. Aber Robin will nicht runterfallen, er will nur sehen, was es draußen alles gibt: den Garten und die Schule und die Obstbäume. Und die Sonne.

Froschaugen

Wenn man auf der Sonne wohnt, hat man immer warme Füße. Und eine tolle Aussicht von so weit oben. Schaut man hinunter, dann sieht man die Welt und alles, was darauf ist: hohe Berge, tiefe Meere, Länder, Wälder und den Strand, Städte und Dörfer mit Kirchen und Jahrmärkten, Wetterhähne auf Turmspitzen und glitzernde Wassergräben am Rand der Wiesen. All das sieht man.

Und das Dorf, in dem Robin wohnt.

Das sieht man auch.

Mitten im Dorf steht Robins neues Haus.

Am Haus führt eine Straße vorbei und dort kommt jede Stunde ein Bus entlang.

Mal fährt er in die eine Richtung. Vorbei an Wiesen und Bauernhöfen und am See, auf dem man im Winter, wenn er zugefroren ist, Schlittschuh fahren kann, und danach fährt der Bus weiter bis in die Stadt. In der Stadt gibt es große Läden und auch der Zahnarzt wohnt dort. Hin und wieder fährt Robin mit Mama in die Stadt um einzukaufen. Bücher oder schöne Sachen für den Weihnachtsbaum.

Und mal fährt der Bus in die andere Richtung. Vorbei an der Kirche und am Gasthaus »Zum Ritter Georg«, an dem Platz, wo im Sommer der Jahrmarkt ist, und an Robins altem Haus und am Haus von Onkel Klaas und Tante Betty und schließlich vorbei an dem Haus, in dem Evi wohnt.

Robin ist in Evi verliebt, aber er hat sie lange nicht gesehen. Sie sehen sich nur in der Vorschule und jetzt sind schon seit vier Wochen Ferien. Robin würde gern mal im Bus an Evis Haus vorbeifahren, aber Mama und er müssen nie in diese Richtung. Darum fährt der Bus ohne Robin an Evis Haus vorbei und zu den Dörfern, die weiter weg liegen.

Man kann auch über die Straße gehen, aber dann muss man erst schauen, ob nicht zufällig ein Bus kommt. Oder ein Auto. Oder ein Trecker. Oder ein Fahrrad. Wenn nichts kommt, darf man auf die andere Seite gehen. Dort stehen mehrere Häuser, und wenn man zwischen denen durchgeht, kommt man zu den Wiesen. Die sind riesengroß – sie reichen von den Zehen bis zum Horizont. Am Horizont stehen Bäume. Sie sehen klein aus und so dünn wie die Garnfäden, mit denen Mama Knöpfe an Robins Kleider näht. Es ist ein bisschen so, als wäre dort der Himmel an der Erde festgenäht.

Wenn man auf der Sonne wohnt, kann man die Bäume sehen und die Wiesen und die Straße mit den Bussen und den Fahrrädern, die entlangfahren, und auch Robins neues Haus. Und wer sehr gute Augen hat, der sieht, dass hinten am Haus eine Dachterrasse ist. Mit einem Geländer ringsum und einer Tür, die in ein Zimmer führt.

Diese Tür geht auf und jemand kommt heraus, jemand geht auf die Dachterrasse. Barfuß und mit einem schlafenden Schweinchen unter dem Arm.

Es ist Robin.

Robin stellt sich auf die unterste Strebe des Geländers und schaut in den Garten hinab. Es ist noch früh, die Welt ist frisch, die Sonne steigt am Himmel empor, wärmt aber noch nicht. Auf dem Gras liegen Tautropfen. Sie sehen aus wie Froschaugen. Robins Blick geht zur Schaukel, die an einem Ast hängt. Dann zu der hohen Hecke um den Garten, zum Stall mit den Hühnern und zum Wassergraben dahinter. Und jenseits vom Garten, hinter der Hecke, ist die Schule mit dem Schulhof.

Robin schaut zum Obstgarten zwischen Haus und Schule. Dort wachsen Ringelblumen und in allen Blumen wohnen Raupen. Kleine braune behaarte Raupen und große grüne unbehaarte Raupen. Der ganze Obstgarten riecht nach ihnen. Die hohen

Bäume sind Apfel- und Birnbäume. Wenn der Sommer vorbei ist, werden die Äpfel und Birnen gepflückt, damit Robins Familie den ganzen Winter über feines Obst zu essen hat.

»Guck dir das an, Schnuff«, sagt Robin. »An den Zweigen hängen schon klitzekleine Äpfel und Birnen.«

Schnuff macht seine Augen einen Spalt auf. So kann er nicht viel sehen. Er träumt noch halb. Er träumt von seinem Bett.

»Ich leg dich gleich wieder hin, Schnuff«, sagt Robin, »und dann geh ich Eier suchen.«

Darauf freut er sich: barfuß durch den Garten zum Hühnerstall laufen, die Tür aufmachen und dann flattern alle Hühner um ihn herum und gackern aufgeregt. Im Hühnerstall riecht es immer so gut nach warmen Federn. Und jedes Mal haben die Hühner Eier gelegt. Manchmal drei, manchmal acht, manchmal elf.

Im neuen Haus beginnt jemand zu singen. Es ist Papa. Er singt ein Lied von fernen Ländern.

Jetzt traut Robin sich die Treppe hinunter und durch die Küche ins Freie. Zum Hühnerstall.

Robin hebt den Blick zur Sonne. Er kneift die Augen zu Schlitzen zusammen.

»Guten Morgen, Sonne!«, ruft er. »Willst du auch ein Ei haben?«
Er winkt.

Die Sonne winkt nicht zurück. Das geht nicht, weil sie keine Hände hat. Robin weiß das sehr wohl. Und es wohnen auch keine Menschen auf der Sonne, die zurückwinken könnten. Auf der Sonne kann keiner wohnen. Dazu ist sie viel zu heiß. Noch heißer als ein Ofen, noch heißer als zwei Öfen, noch heißer als drei Öfen in einem brennenden Haus. Auf der Sonne würden einem erst die Zehen wegschmelzen und dann die Knie und dann … lieber nicht dran denken! Robin weiß das alles. Er ist ja nicht dumm.

Trotzdem winkt er der Sonne.
Weil er gute Laune hat.
Und er hat Appetit auf ein Ei.

Neck

»Hallo, Robin!«

Auf der anderen Seite des Wassergrabens steht der neue Nachbar. Weißfranz heißt er, weil er so helle Haare hat. Er wohnt auf dem Bauernhof neben Robins neuem Haus und ist Sils Vater. Sil geht mit Robin in die Vorschule.

»Hallo, Robin«, sagt Weißfranz. »Gut geschlafen?!«

Robin nickt.

»Das freut mich«, sagt Weißfranz. »Kannst du tüchtig arbeiten?«

Robin nickt noch einmal.

»Dann komm nachher zu uns rüber«, sagt Weißfranz. »Wir machen Heu. Sil hilft auch.«

Wieder nickt Robin. Dabei weiß er gar nicht, ob er das kann: Heu machen. Er hat noch nie Heu gemacht. Aber wenn Sil hilft, will er auch helfen. Er geht ein paar Schritte auf den Wassergraben zu, um zu gucken, ob Sil auch in der Nähe ist.

»Heu machen kann man aber nicht im Schlafanzug«, sagt Weißfranz. »Zieh deinen Overall und Holzpantinen an und setz dir eine Mütze auf den Kopf. Ohne Mütze kriegst du nämlich Heu in die Haare und dann fressen die Kühe deinen Kopf kahl. Und Robin ... du stehst viel zu nah am Graben. Pass ein bisschen auf, sonst holt dich der Neck.«

Schnell geht Robin ein paar Schritte zurück.

»Du weißt doch, wer der Neck ist, oder?«

Robin hat noch nie von einem Neck gehört, trotzdem nickt er. Nicken kann er gut.

»Der Neck ist überall dort, wo Wasser ist. Und wenn du zu nah ans Wasser gehst, packt er dich und zerrt dich in die Tiefe.«

Robin geht noch ein paar Schritte zurück.

»Was ist, kommst du nachher?«, fragt Weißfranz.

Robin tut schon der Hals weh vom Nicken.

Weißfranz geht zurück auf seinen Hof. Robin späht ins Wasser. Obwohl der Neck nicht zu sehen ist, weiß Robin genau, wie er aussieht: wie ein Elefant ohne Rüssel und ohne Ohren. Wie ein großes graues Gespenst.

Robin dreht sich um und rennt aufs Haus zu. Dann gibt es heute eben keine Eier zum Frühstück.

Mannomann, denkt er, das hat mir gerade noch gefehlt. Erst der Wolf, dann die Kühe, die mir den Kopf kahl fressen, und jetzt auch noch der Neck!

Hinter dem alten Haus war auch ein Wassergraben, aber darin war kein Neck.

Papa steht in der Küche und macht Suses Fläschchen sauber. Er lässt Wasser aus dem Hahn hineinlaufen und schüttelt das Fläschchen dann kräftig.

»Papa«, sagt Robin, »weißt du, was der Ne... weißt du, was Heumachen ist?«

»Aber das weißt du doch selber«, sagt Papa.

Er gießt das Wasser aus dem Fläschchen ins Spülbecken.

»Schon, aber weißt du, ob ich das kann?«

»Was?«

»Heu machen.«

»Klar kannst du Heu machen. Das kann jeder.«

»Ich darf heute beim Heumachen helfen«, sagt Robin. »Bei Sil und seinem Vater. Aber dazu muss ich eine Mütze aufsetzen.«

»Klar musst du eine Mütze aufsetzen«, sagt Papa. »Heu machen ohne Mütze geht nicht.«

»Nein«, sagt Robin, »sonst kriege ich nämlich Heu in die Haare und dann fressen die Kühe meinen Kopf kahl.«

»Wer sagt das denn?«, fragt Papa.

Robin hört Papas Frage gar nicht. Er schaut in die Spüle. Das Wasser aus Suses Fläschchen verschwindet durch sechs Löcher in einem runden Metallding am Grund des Beckens. Durch die Löcher kann man ins Abflussrohr runtergucken. Aber durch die Löcher kann man auch raufgucken! Wenn man unter dem Spülbecken wohnt. Und das macht tatsächlich jemand: Zwei Augen funkeln Robin an.

»Papa!«, sagt Robin.

Dann weiß er nicht weiter. Am liebsten würde er sagen: Da, Papa, der Neck! Aber das traut er sich nicht. Weil Papa nicht will, dass Robin Angst hat.

Robin schaut noch einmal in die Spüle. Die Augen funkeln zurück.

Robin sieht Buchstaben auf dem runden Metallding.

»Was steht da?«, fragt er. »Steht da …« Und dann sagt er es doch: »Steht da ›Neck‹?«

Papa seufzt ganz tief und sagt: »Aber sicher steht da Neck. Da steht: Neck, dreimal klingeln. Siehst du die Schraube in der Mitte? Wenn du da dreimal draufdrückst, kommt der Neck.«

»Hast du dreimal draufgedrückt?«, fragt Robin.

»Ich werd mich hüten«, sagt Papa.

»Aber der Neck ist trotzdem gekommen«, sagt Robin. »Er starrt uns an!« Robin deutet auf die Funkelaugen in der Spüle.

»Ach was«, sagt Papa. »Wer hat dir denn diesen Blödsinn erzählt?« Er beugt sich über die Spüle und pustet. »Tschüssi«, sagt er. »Und fort ist der Neck!«

Die Augen sind tatsächlich fort. Robin sieht nur noch Löcher. Sechs leere Löcher. So geht das also, denkt er. Man muss dem Monster einfach fest in die Augen pusten. Und dazu »tschüssi« sagen.

»Die Augen in den Löchern waren Wassertropfen«, sagt Papa. »Und da steht auch nicht Neck, dreimal klingeln. Da steht: Okrit, mit Vim reinigen.«

Wie ein Zauberspruch klingt das: Okrit, mit Vim reinigen. Robin kennt nur eines von den vier Wörtern. Was mit bedeutet, weiß er. Kartoffelpuffer mit Apfelmus, nicht mit Fremden gehen, mit dem Bus fahren. Okrit, mit Vim reinigen.

»Den Neck gibt es nicht«, sagt Papa. »Wenn die Leute behaupten, dass es ihn doch gibt, dann schwindeln sie. Und weißt du, warum sie schwindeln? Um dir Angst zu machen. Wenn du Angst vor dem Neck hast, traust du dich nicht nah ans Wasser heran, und wenn du dich nicht nah ans Wasser herantraust, kannst du nicht hineinfallen, und wenn du nicht hineinfällst, kannst du nicht ertrinken. Kapiert? Ich sag aber lieber zu dir: ›Robin, geh nicht zu nah ans Wasser, sonst fällst du rein und ertrinkst. Und das will ich nicht.‹«

»Ich auch nicht«, sagt Robin.

»Dann sind wir uns ja einig«, sagt Papa. »Und was ist nun mit dem Neck?«

»Den Neck gibt es nicht«, sagt Robin.

»Sehr schön, dann können wir jetzt duschen gehen.«

»Das trau ich mich nicht«, sagt Robin. »Weil überall, wo Wasser ist, da ist auch der Ne…«

Papa knurrt sein gefährlichstes Knurren. Er packt Robin am Schlafittchen, wirft ihn über seine Schulter und trägt ihn die Treppe hinauf.

Den Neck gibt es nicht, denkt Robin. Das ist schon mal was. Und wenn ich nachher eine Mütze aufsetze, lassen die Kühe meinen Kopf in Ruhe. Bleibt nur noch der Wolf …

Aber als Papa Robin die Treppe hinaufträgt, lässt der Wolf sich nicht blicken. Er wird sich hüten. Denn vor Papa hat der Wolf Angst.

Murmel

»Papa«, sagt Robin, »wie geht Heumachen?«

Robin und Papa sind im Badezimmer. Gerade haben sie geduscht. Jetzt sind sie ganz sauber. Von den Zehenspitzen bis zu den Haarspitzen.

»Kommt darauf an, ob es mit Maschinen oder von Hand gemacht wird«, sagt Papa.

Das weiß Robin nicht.

»Mit Maschinen geht es kinderleicht«, sagt Papa.

Er nimmt ein Handtuch und fängt an, Robins Haare trocken zu rubbeln.

»Mit Maschinen«, sagt er, »braucht man nur murmel murmel Ballen murmel Bindegarn murmel murmel Wagen murmel stapeln murmel Scheune und fertig.«

Das nützt Robin nichts. Er hat gefragt, wie man Heu macht, und Papa erklärt es ihm, aber weil Papa Robins Haare mit dem Handtuch trocken rubbelt und das Rubbeln einen Mordslärm in seinen Ohren macht, kann Robin nicht verstehen, was Papa sagt. Bis auf ein paar Wörter hat er nur Gemurmel gehört. Und das nützt ihm nichts.

»Wenn man dagegen von Hand Heu macht«, sagt Papa, »kommt man ganz schön ins Schwitzen. Dann ist Heumachen Schwerarbeit.«

»Gib mir mal das Handtuch«, sagt Robin.

Papa gibt es ihm.

»Bück dich«, sagt Robin.

Papa bückt sich.

»Ich weiß jetzt ganz genau, was ich machen muss«, sagt Robin. »Soll ich's dir sagen?«

»Gern«, sagt Papa.

»Ich muss …« Robin legt das Handtuch um Papas Kopf und rubbelt so fest, wie er nur kann. »Man muss murmel murmel Heugabel murmel Wagen«, sagt er. »Murmel murmel schwitzen murmel Scheune und fertig. Das war's.« Er hört auf zu rubbeln. »Weißt du jetzt, was ich machen muss, Papa?«

»Nein.« Papa nimmt das Handtuch und rubbelt weiter, bis sie beide trocken sind. Knochentrocken und blitzsauber. Am ganzen Körper.

Kurz darauf geht Robin an Papas Hand zum Bauernhof von Weißfranz. Die Sonne scheint ihnen direkt in die Augen. Papa hat eine kurze Hose und ein dünnes Hemd an und seine bloßen Füße stecken in Sandalen. Robin hat Holzpantinen an den Füßen und auf dem Kopf eine Mütze. Zwischen der Mütze und den Pantinen trägt er einen Overall. Gleich geht es los mit dem Heumachen. Robin schwitzt schon ein bisschen.

Sie laufen um das Bauernhaus herum zum Hintereingang. Neben der Tür sind jede Menge Holzpantinen aufgereiht.

Robin schlüpft aus seinen Pantinen und stellt sie dazu. Papa behält seine Sandalen an. Er geht ins Haus und Robin folgt ihm. Durch die Waschküche in die Küche. Dort sitzen Sil und seine

Eltern am Tisch. Und noch vier Bauern. Robin kennt sie alle: Sie heißen Loots und Kollis, Laan und de Jong. Die Männer trinken Kaffee und essen Hefezopf. Ihre Mützen haben sie abgenommen und auf die Knie gelegt.

»Guten Morgen alle miteinander«, sagt Papa.

»Moin, Herr Lehrer«, sagen sie. »Moin, Robin.«

»Moin«, sagt Robin.

»Willst du auch mithelfen, Herr Lehrer?«, fragt Weißfranz.

»Ich nicht«, sagt Papa. »Ich hab Ferien.«

»Ihr Lehrer habt's gut: sechs Wochen Ferien im Sommer und zwei an Weihnachten.«

»Wollen wir tauschen, Franz?«, fragt Papa. »Ich mach eine Woche lang deinen Hof und du stellst dich eine Woche lang vor die Klasse und unterrichtest dreißig zapplige Kinder.«

»Hast schon recht. Den lieben langen Tag drinnen sein … da darf ich gar nicht dran denken!«

»Ich streiche heute den oberen Flur«, sagt Papa. »Da bin ich auch drinnen.«

Er gibt Robin einen Kuss.

»Pass gut auf, ja?«, sagt er. »Dann kannst du mir heute Mittag alles übers Heumachen erzählen.«

Papa geht nach Hause. Und Robin bekommt ein Stück Hefezopf.

»Willst du auch Kaffee?«, fragt Sils Vater.

Robin will keinen Kaffee.

Er nimmt seine Mütze ab, legt sie auf die Knie und isst Hefezopf, bis kein Krümel mehr übrig ist.

Dann stehen die Männer auf. Sie setzen ihre Mützen auf den Kopf und gehen ins Freie.

Jetzt wird Heu gemacht.

Stark

Draußen schlüpfen die sieben Bauern in ihre Holzpantinen. Sie gehen über den Hof.

»Papa von Sil, was muss ich denn genau machen?«, fragt Robin.

»Es wird ein Riesenspaß«, sagt Weißfranz.

»Aber was genau?«

»Das werd ich dir schon noch sagen«, sagt Weißfranz, »dann kannst du's heute Mittag dem Herrn Lehrer erklären. Der mag sich mit Rechnen und Lesen auskennen, aber von der Landwirtschaft versteht er nicht viel. Ich sag dir alles, wenn wir auf der Wiese sind. Jetzt gibt's erst mal eine lustige Fahrt.«

Sie gehen zu einem Trecker, an den ein großer Wagen angehängt ist. Der Wagen hat ringsum hohe Gitter: vorn, an der Seite, hinten und an der anderen Seite. Wie ein Käfig sieht er aus.

Weißfranz hebt Robin hoch, sodass er zwischen den Gitterstäben durchschlüpfen kann. So kommt Robin auf den Wagen. Sil und die Bauern klettern ebenfalls hinauf.

»Vor ein paar Tagen haben wir auf einer großen Wiese Gras gemäht«, sagt Weißfranz. »Danach haben wir das Gras täglich gewendet, damit es in der Sonne gleichmäßig trocknet. Und wie nennt man Gras, wenn es ganz trocken ist?«

»Heu«, sagt Robin.

Er versteht schon ein bisschen was von der Landwirtschaft.

»Richtig«, sagt Weißfranz, »und wo wird das Heu aufbewahrt?«

»In der Scheune.«

»Und für wen ist das Heu gedacht?«

»Für die Kühe.«

»Und wann kriegen sie das Heu zu fressen?«

»Im Winter. Wenn sie im Stall stehen.«

»Alles richtig.«

Robin versteht schon ziemlich viel von der Landwirtschaft.

»Jetzt ist aus dem Gras also Heu geworden«, sagt Weißfranz. »Und das fahren wir heute ein. Was du dabei zu tun hast, sag ich dir nachher.«

Weißfranz steigt auf den Trecker und lässt den Motor an. Schwarzer stinkender Rauch quillt aus dem Auspuff. Der Trecker fährt mitsamt dem Anhänger vom Hof auf die Straße und ins Dorf hinein. Robin sitzt neben Sil. Er hält sich am Gitter fest. Weißfranz hat recht, die Fahrt ist lustig. Sie fahren so schnell, dass ihnen fast die Mützen vom Kopf wehen.

Weißfranz lenkt den Trecker über eine Brücke auf eine Wiese. Da liegt das gelbe Heu in langen Zeilen, bestimmt hundert nebeneinander. Jede Zeile ist so lang wie die ganze Wiese – von der Brücke bis dorthin, wo das Land und der Himmel sich berühren. Und all das viele Heu muss auf den Wagen.

Die Wiese ist nicht so eben wie die Straße. Der Trecker ruckelt und schuckelt, der Heuanhänger hopst und dopst, die Jungen und die Bauern werden tüchtig durchgerüttelt. Manchmal hüpfen sie wie Gummibälle auf und ab. Da tut der Po ganz schön weh.

Dann hält der Trecker an. Sil und die Bauern springen vom Wagen. Robin auch. Er hat Glück und landet mitten in einer Heuzeile. Das Heu riecht gut. Es gibt nur eins, was noch besser riecht als Heu: saftiges frisch gemähtes Gras.

»An die Arbeit, Männer!«, sagt Weißfranz.

Er holt fünf Heugabeln vom Wagen. Sie haben lange Stiele und spitze Zinken. Die Heugabeln gibt er Loots und Kollis, Laan und de Jong und er selbst nimmt auch eine. Dann holt er noch zwei Holzrechen. Die bekommen Robin und Sil.

»So, Robin«, sagt Weißfranz. »Jetzt muss das Heu auf den Wagen. Wir nehmen es auf die Gabeln, heben sie hoch und werfen es – schwups – auf den Wagen. Aber ab und zu vergessen wir ein bisschen Heu. Das recht ihr, Sil und du, zu Haufen zusammen. Die werfen wir dann später mit der Gabel – schwups – auf den Wagen. Hast du verstanden?«

Robin nickt, er hat verstanden. So schwierig ist das auch wieder nicht.

Die Männer machen sich an die Arbeit. Sie nehmen Heu auf ihre Gabeln und schmeißen es über das Gitter auf den Wagen. Mit Schwung und ... schwups ... mit Schwung und ... schwups. Prima geht das. Robin und Sil rechen hinter den Männern das liegen gebliebene Heu zu ordentlichen Haufen zusammen. Danach werfen de Jong und Loots und Kollis und Laan die Haufen zu dem anderen Heu auf den Anhänger.

»Ich kann schon gut Heu machen, was?«, sagt Robin zu Sil.

Wo das Heu aufgeladen ist, sieht die Wiese unter Robins Pantinen wieder frisch und grün aus. Weißfranz steigt auf seinen Trecker und fährt ein Stück weiter. Dort liegt noch viel Heu.

»Ich kann's viel besser als du«, sagt Sil. »Guck mal.«

Und er fängt an, wie wild zu rechen.

Robin macht es genauso. Obwohl der Rechen groß und schwer ist, geht es gut.

Robin ist warm geworden, auf seiner Stirn perlt Schweiß. Aber er nimmt die Mütze nicht ab. Er wird sich hüten. Blöde Kühe! Robin recht und recht. Heu stiebt auf und bleibt an seinen Wangen und Händen haften. Aber die Haare unter der Mütze sind noch sauber. Ein wenig nass vom Schweiß, aber sauber. Robin recht wie wild weiter.

Er hatte keine Ahnung, dass er so stark ist.

Heumännchen

Die Sonne steigt am Himmel höher. Es wird immer wärmer auf der Welt. Die Männer werfen mit ihren Gabeln große Heubüschel auf den Wagen. Und die Jungen rechen das liegen gebliebene Heu zu Haufen zusammen, die auch aufgeladen werden. Der Heuberg auf dem Wagen wächst und wächst, der Wagen wird voller. Und voller. Und voller und …

»Voll!«, ruft Weißfranz. »Steigt auf, Männer!«

»Komm her«, sagt Bauer Kollis zu Robin.

Er klemmt sich Robin unter den Arm und klettert mit ihm am Gitter hinauf. Als ob es eine Leiter wäre. Oben angekommen, wirft er Robin ins Heu. Plumps! Bauer Loots wirft Sil ins Heu. Noch mal plumps! Das Heu ist weich.

Dann fährt der Trecker an. Es ruckelt und schuckelt, aber im Heu macht einem das nichts aus. Die vier Bauern sitzen neben Robin und unterhalten sich. Robin hört nicht zu. Er liegt auf dem Rücken, den Blick nach oben gerichtet. So hoch liegt er, dass er blaue Finger bekäme, wenn er die Hand zum blauen Himmel ausstrecken würde.

Sil springt auf. »Und jetzt stampfen!«, ruft er.

Er stampft mit der einen Holzpantine aufs Heu und dann mit der anderen. Eine Pantine, andere Pantine, eine Pantine und andere. Pantine rauf, Pantine runter. Stampf stampf stampf. Sil packt Robin an den Händen und zieht ihn hoch. Da bekommt Robin auch Lust zu stampfen. Pantine rauf, Pantine runter, eine Pantine und andere Pantine, eine Pantine und andere Pantine. Stampf stampf stampf. Wie zwei verliebte Frösche hüpfen sie im Heu herum. Hüpf hüpf hüpf. Nein, es ist kein Hüpfen. Aber es ist auch kein Stampfen mehr. Es ist Tanzen. Tanz tanz tanz.

Und es macht einen Riesenspaß.

Bong! Der Wagen holpert durch eine Kuhle. Plumps! Robin fällt auf den Rücken. Egal. Alles ist weich, nichts tut weh. Sil steht noch aufrecht. So geht das aber nicht! Robin packt Sils Fuß und zieht daran. Plumps! Geschafft – jetzt liegt auch Sil im Heu.

»He, das war gemein!«, ruft Sil.

Er setzt sich auf Robin drauf und reißt ihm die Mütze vom Kopf.

»Nicht!«, ruft Robin. »So werden meine Haare ganz dreckig!«

»Gar nicht dreckig«, sagt Sil. »Sondern schön heuig.«

Schön für die Kühe, denkt Robin, aber nicht für mich.

»Ich war doch heute Morgen unter der Dusche«, sagt er.

»Dann musst du noch mal drunter.« Sil nimmt eine Handvoll Heu und streut es über Robins Kopf. »Dusche Dusche Dusche!«, ruft er. »Dusche Dusche Dusche!« Und er lacht sich scheckig.

»Wart nur«, sagt Robin.

Er stemmt seine Hände gegen Sils Brust und schubst ihn weg. Dann steht er schnell auf und wirft sich auf Sil.

»He, lass das!«, ruft Sil.

Nichts da!, denkt Robin.

Sie fangen an zu kämpfen.

Nein, es ist kein Kämpfen. Es ist ein Balgen.

Und es macht Spaß.

Sil ist stark, aber Robin ist wendig. Mal sitzt Sil auf Robin drauf. Wie ein Nilpferd. Dann gleitet Robin unter Sil hervor. Wie eine Schlange. Und er setzt sich auf Sil drauf. So kugeln sie im Heu herum. Loots und de Jong und Kollis und Laan rufen hurra und los Robin, los Sil, gib's ihm und bravo.

Plötzlich ist es still. Der Treckermotor ist still, der Heuwagen steht still, die Bauern sind still und Robin und Sil liegen still nebeneinander im Heu. Sie keuchen ein bisschen vom Balgen. Aber ansonsten ist alles still.

»He, ihr Heumännchen!«, tönt Weißfranz' Stimme. »Wir sind da!«

Robin und Sil schauen nach unten. Der Wagen und der Trecker stehen wieder auf dem Hof. Ist das aber schnell gegangen!

»Habt ihr Hunger?«, fragt Weißfranz.

»Ja!«, schreit Sil.

»Ja!«, schreit Robin.

»Komm her«, sagt Bauer Kollis zu Robin.

Er will Robin unter seinen Arm klemmen.

»Ich kann das allein«, sagt Robin.

Da lässt Kollis ihn los. Robin hält sich am oberen Rand des Gitters fest, schwingt ein Bein darüber und klettert dann vorsichtig nach unten.

Heute kann er einfach alles. Er kann Heu machen, er kann tanzen, er kann kämpfen, na gut, balgen, er kann vom Heuwagen runterklettern. Das alles kann er und nichts tut ihm weh. Er spürt nichts.

Doch, Robin spürt etwas. Es juckt. Es juckt furchtbar! Überall. Es juckt an den Füßen und es juckt an den Knien, es juckt am Bauch und es juckt im Nacken. Und auf dem Kopf juckt es am allermeisten. Weil überall Heu ist. In seinen Pantinen und seinen Socken, unter seinem Overall und seinem T-Shirt, unter seiner Mütze. Es juckt sogar in der Poritze. Am liebsten würde Robin sich überall kratzen, aber das würde nichts helfen, weil auch an seinen Händen Heu ist.

Sils Mutter hat Pfannkuchen gebacken. Einen Stapel bis zur Decke. Alle haben Hunger. Sie haben hart gearbeitet, die Männer. Jetzt dürfen sie sich ausruhen und die Mützen auf die Knie legen. Jeder hat Heu in den Haaren. Bloß gut, dass in der Küche keine Kühe sind, die würden ihnen sonst die Köpfe kahl fressen.

Sil nimmt einen Pfannkuchen vom Stapel. Er legt ihn auf seinen Teller und gibt Sirup darauf. Dann rollt er den Pfannkuchen zusammen und steckt ihn in seinen Mund. Robin macht es genauso. Er nimmt einen Pfannkuchen, legt ihn auf seinen Teller, gibt Sirup darauf, rollt den Pfannkuchen zusammen und steckt ihn in seinen Mund. Er schmeckt den warmen Pfannkuchen, mmh, er schmeckt den kalten Sirup, mmh, und er schmeckt … Heu! Von seinem Kopf, aus seinen Haaren ist Heu gefallen. Oder er hatte noch welches an den Händen. Jetzt ist es jedenfalls in der Pfannkuchenrolle.

Wenn ich den Pfannkuchen aufgegessen hab, geh ich nach Hause, denkt Robin.

Aber als der Pfannkuchen aufgegessen ist, hat Robin Appetit auf noch einen Pfannkuchen. Und als der aufgegessen ist, auf noch einen. Und auf noch einen …

Robin isst sechs Pfannkuchen mit Sirup und Heu.

Als er den letzten aufgegessen hat, geht er nach Hause. Erst dann.

Dumm

Robin geht nach Hause. Er geht an Weißfranz' Trecker und an dem Anhänger voller Heu vorbei, er geht vom Hof auf die Straße, er geht an der Schule und an der Kirche vorbei und am Gasthaus »Zum Ritter Georg«, wo jedes Jahr zum Jahrmarkt gefeiert wird, und er geht am Haus des Bürgermeisters vorbei. Gleich ist er da. Er sieht das Haus schon.

Aber … das ist ja gar nicht sein Haus! Es ist das alte Haus, in dem er früher gewohnt hat.

So ein schönes Haus.

Einen Moment lang ist Robin zum Weinen zumute. Weil er nicht mehr in dem schönen Haus wohnt. Aber mit dem Weinen klappt es nicht. Er kann nicht weinen, weil ihn etwas im Hals kitzelt. Ist da womöglich Heu hineingeraten? Nein, Robin weiß, was es ist: Was da kitzelt, ist ein Lachen, das rauswill.

Robin krümmt sich vor Lachen und jetzt laufen ihm doch noch die Tränen aus den Augen. Aber es sind Lachtränen. Er lacht aus vollem Hals.

Wie konnte er nur so dumm sein!

Er war bei Sil und wollte nach Hause, und sein Haus steht neben dem Bauernhof von Sils Eltern, aber dann ist er einfach daran vorbeigegangen! Nicht einmal gesehen hat er das Haus! Er ist durch das ganze Dorf bis zu seinem alten Haus gegangen. Und davor steht er jetzt.

Das muss ich Mama und Papa erzählen, denkt Robin. Ein Spitzenwitz ist das!

Robin rennt den ganzen Weg zurück. Beim Bürgermeister vorbei. Am Gasthaus und an der Kirche vorbei.

Und da steht es: das neue Haus! Da wohnt er jetzt.

Robin rennt hinein.

»Hallo!«, ruft er. »Ich bin wieder da und ich hab schon gegessen!«

Alles bleibt still.

»Pfannkuchen!«, ruft Robin.

Kein Laut.

»Mit Sirup!«

Stille.

»Und Heu!«

Und dann … hört er Papa singen. Die Stimme kommt von oben. Aus dem Badezimmer. Papa singt ein Lied, das Robin gut kennt. Aber die Worte sind ein klein bisschen anders. Papa singt:

»Baden macht der Suse Spaß,

denn da wird die Suse nass.«

»Papa!«, schreit Robin. Er streift seine Holzpantinen ab und rennt auf Socken die Treppe hinauf. »Papa, ich war bei unserem alten Haus!« Heuhalme fliegen umher. »Ich hab gedacht, dass ich noch dort wohne! Guter Witz, was?« Er stürmt ins Badezimmer. »Und ich hab mit Sil gekämpft.«

Robin ist so vergnügt, dass er gar nicht an den Wolf gedacht hat. An den Wolf, der immer oben an der Treppe lauert. Er hat auch nicht nachgeschaut, ob der Wolf da ist.

Papa hockt auf dem Badewannenrand. Er hält Suse fest, die in der Wanne sitzt. Sie schaut Robin an, strahlt und patscht mit ihren kleinen Händen aufs Wasser.

Papa schaut Robin auch an. Aber er strahlt nicht.

»Mann, du bist ja voller Heu!«, sagt er.

»Papa«, sagt Robin, »ich hab mit Sil gekämpft. Im Heu. Und ich bin ganz allein vom Wagen runtergeklettert, und ich hab sechs Pfannkuchen gegessen, mit Sirup und mit Heu, und dann bin ich nach Hause gegangen, aber zu unserem alten Haus, und da hab ich furchtbar lachen müssen, weil ich so dumm war, und ich

hab richtig Heu gemacht, mit einem großen Rechen. So, und jetzt geh ich in die Wanne. Zu Suse.«

»Stopp«, sagt Papa, »vorher stellst du dich unter die Dusche.«

»Das ist das dritte Mal heute«, sagt Robin. »Erst war ich mit dir unter der Dusche und dann unter der Heudusche auf dem Wagen.«

»Das seh ich«, sagt Papa. »Aber in der Badewanne können wir kein Heu gebrauchen.«

Robin zieht sich aus.

»Ist denn überhaupt noch Heu für die Kühe übrig?«, fragt Papa. »Sieht ja aus, als wäre alles in deinen Kleidern hängen geblieben. Wirf sie zum Fenster raus.«

Was sagt Papa da?

»Mach schon«, sagt Papa, »wirf deine Kleider zum Fenster raus. Ich schüttle sie nachher gründlich aus.«

Noch nie hat Robin seine Kleider zum Fenster rausgeworfen. Er wusste gar nicht, dass das geht. Papa macht das Fenster auf und Robin wirft seine Kleider ins Freie.

Es geht tatsächlich.

Robin stellt sich unter die Dusche und dreht den Hahn auf.

»Und jetzt«, sagt er, »jetzt erzähl ich dir, wie man Heu macht.«

Robin erzählt und Papa hört zu. Es wird eine lange Geschichte. Als sie zu Ende ist, ist Robin sauber. »So«, sagt er, »jetzt verstehst du auch was von der Landwirtschaft.«

»Vielen Dank«, sagt Papa. »Nachdem du nun sauber bist, darfst du zu Suse in die Wanne.«

Noch nie hat Robin gebadet, weil er sauber war.

Im neuen Haus ist eben alles anders.

Boot

Robin gibt Suse einen Kuss aufs Köpfchen. Dann steigt er in die Wanne und setzt sich ihr gegenüber hin.

»Bullebull«, sagt Suse.

Das bedeutet gemütlich.

»Guck dir das mal an«, sagt Papa, »Suse kann schon allein sitzen.« Papa lässt Suse kurz los und sie bleibt aufrecht in der Wanne sitzen. »Toll, was?«

»Das passt gut«, sagt Robin. »Dann kannst du mein Piratenschiff holen.«

Papa steht auf und geht aus dem Badezimmer. Robin gibt auf Suse acht. Wenn sie umkippt, muss er sie retten. Aber sie kippt nicht um. Sie patscht mit ihren Händchen aufs Wasser und sagt noch viermal bullebull. Anscheinend findet sie es urgemütlich mit Robin in der Wanne.

Papa kommt mit dem Piratenschiff wieder und setzt es ins Wasser. Es schwimmt super. Papa setzt sich wieder auf den Badewannenrand. Er schlägt die Zeitung auf und fängt an zu lesen.

»Wo ist Mama?«, fragt Robin.

»In der Stadt, Farbe kaufen«, sagt Papa.

Suse streckt ihre Hände nach dem Schiff aus. Robin rutscht ein Stück weg und zieht das Schiff mit.

»Patsch lieber wieder aufs Wasser, Suse«, sagt er. »Du kannst Wellen für das Schiff machen.«

Aber Suse patscht nicht. Mit einem Mal ist sie ganz still. So als würde sie tief nachdenken. Als wollte sie gleich ein schwieriges Wort sagen. Piratenschiff. Oder Vanillepudding.

Robin schiebt das Schiff im Wasser herum. Es ist voller Piraten. Die sieht man zwar nicht, aber sie sind trotzdem da. Man muss einfach nur wissen, dass sie da sind. Und wenn man es weiß, sieht man sie auch. Robin sieht mindestens hundert Piraten. Er lässt den Schiffsmotor brummen.

»Br brrrrr.«

Die Piraten suchen nach dem Schiff des bösen Königs. Das wollen sie entern. Und dann das ganze Gold rauben.

»Br brrrrr«, macht Robin.

»Br brrrrr«, macht Suse.

Wahrscheinlich glaubt sie, dass sie auch ein Schiff hat. Aber sie hat keins. Oder … etwa doch? Mit einem Mal hat Suse ein Boot in der Hand und schiebt es im Wasser herum. Es sieht aus wie ein Kanu. Das heißt … ist es überhaupt ein Boot? Robin schaut ganz genau hin.

Das kann nicht sein!

Doch!

»Papa!«

Papa sieht von seiner Zeitung auf.

»Suse hat ins Wasser gekackt!«

Blitzschnell rutscht Robin noch weiter von Suse weg, bis ganz ans Ende der Wanne. Von dort beobachtet er, was passiert.

»Das ist aber ein feines Kackewürstchen«, sagt Papa.

»Br brrrrr«, macht Suse.

Und dann … fischt Papa Suses Würstchen aus dem Wasser. Mit der bloßen Hand! Robin mag gar nicht hinsehen.

Papa wirft das Würstchen ins Klo und zieht die Spülung. Er fängt an zu singen.

»Das Susekind ist pudelnackt

und es hat ins Bad gekackt.«

Das Lied gefällt Robin. Darum singt er mit.

»Das Susekind ist pudelnackt

und es hat ins Bad gekackt.«

Das Lied singt sich gut, es ist ja auch nicht weiter schwierig.

»Das Susekind ist pudelnackt

und es hat ins Bad gekackt.«

Und dann singt Papa:

»Weißt du es schon, Nachbarsfrau? Unsere Suse ist 'ne Schau!

Weißt du es schon, Nachbarsmann? Wie gut die Suse kacken kann!

Wisst ihr es schon, Opa, Oma? Suse-Kacke hat Aroma.

Und jetzt alle:

Das Susekind ist pudelnackt

und es hat ins Bad gekackt.

Weißt du es schon, Tante Marei? Es war nicht Kacke, es war ein …«

»Ei!«, ruft Robin.

»Weißt du es schon, Onkel Fritze? Eier kacken, das ist …«

»Spitze!«, ruft Robin.

Er lacht schallend. Mann, ist das ein tolles Lied!

»Vielleicht war es nicht nur ein Ei, vielleicht war auch noch Pipi dabei«, singt Papa.

»Das will ich nicht!«, schreit Robin.

Sitzt er jetzt mitten in Suses Pipi?

Auf einmal juckt es ihn überall. Schon wieder! Schnell steigt er aus der Wanne.

»Weißt du es schon, Tante Ruth?«, singt Papa. »Robin findet das nicht gut.«

»Ich will duschen!«, ruft Robin.

Dusche

Und dann, ja dann steht Robin schon wieder unter der Dusche!

Stampf

Papa ist krank!

Mama hat es gesagt: Papa ist krank.

Es ist früh am Morgen. Suse liegt in ihrem Laufstall und spielt und singt. Mama trinkt Tee und liest Zeitung. Robin steht barfuß und mit Schnuff auf dem Kopf mitten im Wohnzimmer.

»Wo ist Papa denn?«, fragt Robin.

»Oben im großen Bett.«

Robin kann es nicht fassen. Mama liest Zeitung und trinkt Tee, Suse singt – und dabei ist Papa krank.

»Musst du dich nicht um Papa kümmern?«, fragt er.

»Das will Papa nicht«, sagt Mama. »Er will am liebsten schlafen. Und Ruhe haben. Nur Ruhe. Wenn was ist, dann pfeift er.«

»Hat Papa spucken müssen?«

»Die ganze Nacht über«, sagt Mama. »Er hat mir so leidgetan.«

Papa tut Robin auch leid.

»Hat Papa geweint?«

»Ach was. Er ist eben krank. Krank ist jeder mal. Und Lehrer sind immer in den Ferien krank.«

Das hat Robin nicht gewusst.

»Wenn die Kinder in die Schule müssen«, sagt Mama, »dann wollen die Lehrer nicht krank sein, verstehst du? Darum werden sie in den Ferien krank.«

Robin nickt. Das versteht er. Es ist ein gutes System.

»Hat Papa Fieber?«, fragt er.

»Und ob«, sagt Mama. »Seine Stirn ist so heiß, dass man ein Ei drauf braten kann.«

»Hast du das gemacht?«

Mama lacht. »Natürlich nicht«, sagt sie. »Sonst würde er ja Salz in die Augen kriegen.«

Robin will nicht, dass Mama lacht.

»Darf ich zu Papa?«, fragt er.

»Du kannst ja mal durch den Türspalt gucken«, sagt Mama. »Aber wenn Papa schläft, dann weck ihn bitte nicht auf.«

Robin nickt. Er dreht sich um und geht durch die Diele zur Treppe.

Er schaut hoch. Das Ende der Treppe ist nicht zu sehen, weil sie um die Ecke führt.

Erst muss man zwölf Stufen hinauf – stampf stampf stampf stampf stampf stampf stampf stampf stampf stampf stampf stampf –, danach um die Ecke und noch drei Stufen hinauf – stampf stampf stampf. Dann ist man oben. Und dort lauert der Wolf. Mit seinen goldenen Augen.

Robin will zu Papa. Aber der Wolf lässt ihn bestimmt nicht vorbei, der ist immerzu hungrig. Was soll Robin tun? Mit dem Wolf kämpfen? So wie mit Sil? Das war aber nicht richtig kämpfen, sondern balgen und hat Spaß gemacht. Jetzt aber ist es ernst. Soll Robin dem Wolf in die Augen spucken und Tschüssi sagen? Das wirkt nur, wenn Papa es macht. Und Papa ist krank.

Robin setzt den Fuß auf die erste Treppenstufe, dann den anderen Fuß auf die zweite Stufe und dann ... setzt er sich auf die dritte Stufe und nimmt Schnuff auf den Schoß. Schnuff zittert am ganzen Leib. Robin fummelt an Schnuffs Schwänzchen herum, so lange, bis es sich nicht mehr ringelt, sondern verknotet ist.

»Wir müssen uns einen Zauberspruch ausdenken, Schnuff«, sagt Robin, »um den Wolf zu verjagen.«

Schnuff weiß gleich einen guten Spruch: Weg mit dir, Wolf!

Sie sagen ihn drei Mal: »Weg mit dir, Wolf! Weg mit dir, Wolf! Weg mit dir, Wolf!«

Es hilft nichts. Der Wolf lauert immer noch oben an der Treppe. Das weiß Robin genau. Es war ja auch kein richtiger Zauberspruch, denkt er, nur vier gewöhnliche Wörter. Davor hat der Wolf keine Angst. Darüber lacht er bloß. Es müssen Zauberwörter in dem Spruch vorkommen.

Robin kneift die Augen fest zu und flüstert:
»Blöder Wolf, ich zieh dir dein Fell ab,
dann sehen wir, wer du bist.
Auch wenn wir's schon längst wussten.
Wir sind ganz stark, ganz stark sind wir.
O roter Mohn – bumm, patsch und knall!
Ich spuck in deine Augen,
und ich tret auf deine Zehen. Ganz fest.
Dann bind ich dir die Schnauze zu und ich verbrenn dein Fell.
Wir sind ganz stark, ganz stark sind wir.
O roter Mohn – bumm, patsch und knall!«

Robin macht die Augen auf und lauscht. Von oben kommt ein komisches Geräusch. Ist das der Wind, der im Schornstein heult? Oder eine Taube, die in der Dachrinne ihr Nest baut? Oder eine Tür, die langsam aufgeht? Oder Papa, der sich im Bett umdreht? Nein, denkt Robin, es ist der Wolf, und er ist wütend, weil ich das gesagt habe.

Der Spruch hat nichts genützt.

»Mama«, ruft Robin. »Mama, hilfst du mir bitte?«

Lift

Mama kommt in die Diele.

»Was ist Mohn gleich wieder?«, fragt Robin.

»Hast du mich deswegen gerufen?«

»Ja.«

»Mohn ist eine Blume. Sie hat schöne rote Blüten mit ganz zarten Blütenblättern. Mohn wächst an Wegrändern zwischen blauen Kornblumen und gelbem Raps. Die drei sehen zusammen sehr hübsch aus. Wenn wir einkaufen gehen, zeige ich sie dir.«

»Wann gehen wir einkaufen?«, fragt Robin.

»Sobald der Arzt da war.«

Also ist Papa so krank, dass der Arzt kommt.

Robin will jetzt unbedingt zu Papa. Um ihn aufzumuntern. Dazu muss er Mama von dem Wolf erzählen, damit sie ihn nach oben bringt.

»Mama«, sagt Robin, »in Schnuffs Schwänzchen ist ein Knoten.«

»Wie hast du das geschafft?«, fragt Mama.

Sie nimmt Schnuff und dröselt den Knoten auf.

»Schnuff hat Angst«, sagt Robin, »daher kommt es.«

»Wovor hat Schnuff Angst?«

»Vor dem Wolf.«

»Vor welchem Wolf?«

»Der oben an der Treppe lauert.«

»Wer hat sich das denn ausgedacht?«

»Schnuff«, sagt Robin.

»Und du glaubst es?«, fragt Mama.

Robin nickt.

»Ich seh mir den Wolf mal an«, sagt Mama. »Aber erst muss ich nachschauen, ob bei Suse alles in Ordnung ist.«

Mama steckt den Kopf durch die Wohnzimmertür.

»Suse spielt schön«, sagt sie. »Unsere Suse hat vor gar nichts Angst.«

»Weil sie noch nicht weiß, dass man Angst haben kann«, sagt Robin.

»Wenn du solche Angst vor der Treppe hast, dann fahren wir eben mit dem Lift«, sagt Mama.

Sie nimmt Robin und Schnuff auf den Arm.

»Ich bin der Lift«, sagt sie. »Wenn ich irgendwo anhalten soll, musst du mir auf die Nase drücken. Meine Nase ist der Liftknopf.«

Mama setzt einen Fuß auf die erste Treppenstufe.

»Erster Stock«, sagt sie.

Dann setzt sie den anderen Fuß auf die zweite Stufe.

»Zweiter Stock.«

Dritte Stufe.

Robin drückt auf Mamas Nase.

»Pling!«, macht Mama. Sie bleibt stehen und sagt: »Dritter Stock. Mützen und Hüte von erster Güte.«

  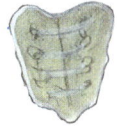 

Dann geht sie weiter.
Vierte Stufe.
»Vierter Stock.«
Fünfte Stufe.
»Fünfter Stock.«
Sechste Stufe.
Robin drückt wieder auf Mamas Nase.

»Pling!«, macht Mama und bleibt stehen. »Sechster Stock: Bonbons zum Naschen und lederne Taschen.«

Siebte Stufe.
»Siebter Stock.«
Achte Stufe.
»Achter Stock.«

Neunte Stufe.

»Neunter Stock.«

Zehnte Stufe. Gleich kommt die Ecke. Schnell drückt Robin auf Mamas Nase.

»Pling!«, macht Mama. »Zehnter Stock: Sonnenbrillen, Abführpillen, Abendstillen.«

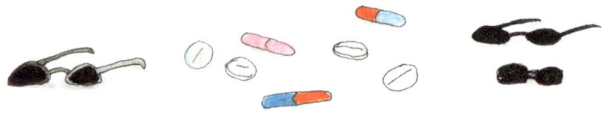

Und sie fängt an zu singen: »Abendstille überall, nur am Bach die Nachtigall ...« Dann legt sie den Finger an die Lippen und sagt: »Pscht!«

Da muss Robin lachen.

Mama geht weiter.

Elfte Stufe.

»Elfter Stock.«

Zwölfte Stufe.

»Zwölfter Stock.«

Jetzt geht es um die Ecke. Robin kann den Flur schon sehen. Er ist ein bisschen dunkel. Aber nirgendwo leuchten goldfarbene Augen, nirgendwo blitzen messerscharfe Zähne. Der Wolf ist nicht da.

Mama geht die letzten drei Stufen hinauf.

Sie sind oben.

»Pling!«, macht Mama. »Letzter Stock: Krankenstation: Fieberthermometer, Spuckeimer und Papas in Betten.«

Sie stellt Robin und Schnuff auf den Boden und sieht sich um.

»Und wo ist nun der Wolf?«, fragt sie.

»Der lauert an der Treppe, nicht am Lift«, sagt Robin.

Hahaha

Mama gibt Robin einen sanften Klaps auf den Po.

»Dann geh mal zu Papa«, sagt sie. »Aber nicht wecken, wenn er schläft.«

Robin geht zum Elternschlafzimmer. Er ist erleichtert. Der Wolf ist heute nicht da. Vor Mama hat der Wolf nämlich Angst.

Leise macht Robin die Tür auf und späht ins Zimmer.

Da liegt Papa. Robin kann nur seinen Kopf sehen. Papas Augen sind zu.

»Hallo, Papa«, flüstert Robin.

Papa macht die Augen auf. Seine Hand kommt unter der Decke hervor und winkt Robin.

»Bist du schlimm krank?«, fragt Robin.

»Ein bisschen schon«, sagt Papa.

»Kannst du noch lachen?«, fragt Robin.

»Hahaha«, macht Papa.

Hat er wirklich gelacht? Oder nur hahaha gesagt?

»Noch mal«, sagt Robin.

»Hahaha«, macht Papa.

Das klingt nicht gut. Nicht fröhlich. Es klingt, als würde jemand, der Hahaha heißt, seinen Namen sagen, den er nicht mag. Wie heißt du? Hahaha.

»Probier's noch mal«, sagt Robin.

»Hihihi«, macht Papa.

Klingt auch nicht gut.

»Moment«, sagt Robin. »Gleich mach ich was, wo du richtig drüber lachen musst.«

Er rennt über den Flur und stellt sich oben an die Treppe. Noch immer ist kein Wolf da.

»Mama!«, ruft Robin.

»Was gibt's?«, ruft Mama von unten.

»Wo ist das Kasperletheater?«

»Auf dem Speicher!«

Robin rennt wieder ins Schlafzimmer.

»Papa, holst du bitte das Kasperletheater vom Speicher?«

Ach, wie blöd! Das geht ja gar nicht, denn Papa ist krank. Er hat Fieber. Er kann das Kasperletheater nicht holen. Und wenn er es doch macht, dann spuckt er den ganzen Speicher voll. Robin rennt wieder zur Treppe.

»Mama!«

»Was gibt's?«

»Wo sind die Kasperlepuppen?«

»Keine Ahnung. In einem der Umzugskartons.«

»Wo sind die Umzugskartons?«

»Keine Ahnung. Auf dem Speicher.«

»In welchem Karton sind die Puppen?«

»Keine Ahnung.«

»Holst du sie bitte für mich?«, ruft Robin.

»Nein«, ruft Mama. »Ich muss mich um Suse kümmern.«

Ach so.

Robin will für Papa Kasperletheater spielen. Um ihn aufzumuntern. Er will sich eine Geschichte über Kasperle und Gretel und die anderen Puppen ausdenken. Wenn er sie tanzen und kämpfen und singen lässt, muss Papa lachen und wird wieder gesund. Aber das Kasperletheater ist ja auf dem Speicher …

Robin könnte sich aber auch ans Fußende von Papas Bett knien, die Handpuppen hochhalten und so das Stück spielen. Aber die Puppen sind noch in einem Karton und Mama hat keine Ahnung in welchem. Robin auch nicht.

Was nun?

Auf Zehenspitzen geht Robin ins Schlafzimmer zurück. Papas Augen sind wieder zu.

»Schläfst du?«, flüstert Robin.

»Wenn ich nur könnte«, sagt Papa.

Er macht die Augen auf und lächelt Robin zu. Sein Lächeln ist traurig und müde. Robin muss unbedingt für ihn Theater spielen.

Jetzt sofort!

Er legt Schnuff am Fußende des Betts auf den Boden und rennt ins Badezimmer. Dort sucht er schnell ein paar Sachen zusammen: seine Zahnbürste, die Zahnpastatube, ein Stück weiße Seife, eine Flasche Shampoo und ein Handtuch. Mit all den Sachen rennt er zurück ins Elternschlafzimmer.

»Papa!«, sagt er. »Papa, Papa, Papa … ich spiel jetzt Theater für dich.«

»Schön«, sagt Papa.

Es ist Papa also recht.

Robin kniet sich am Fußende von Papas Bett hin. Er hält das Handtuch hoch.

»Das ist der Vorhang«, sagt er. »Der Vorhang geht auf.«

Robin lässt das Handtuch fallen. Er nimmt die Shampooflasche und hält sie hoch.

»Hallo«, sagt er. »Ich heiße Scham Po. Ich bin der Chef vom Theater. Wir spielen jetzt ein Stück. Es handelt von einem Papa. Er ist krank. Und er kann nur wieder gesund werden, wenn er lachen muss. Das hier ist der kranke Papa.«

Robin legt Schnuff aufs Bett. Ans Fußende. Schnuff liegt auf dem Rücken und streckt alle viere von sich. Das sieht lustig aus. Robin ist kurz still. Er lauscht. Papa lacht nicht. Also muss es lustiger werden.

»Der Papa ist schlimm krank«, sagt er. »Ganz schlimm. Darum muss der Arzt kommen. Jetzt kommt der Arzt.«

Robin nimmt die Zahnbürste und hält sie hoch.

»Hallo«, sagt er. »Ich bin kein Zahnarzt, ich bin der normale Arzt. Und ich heiße Doktor Bürste. Haben Sie Fieber, Herr Lehrer?«

Robin hält den Griff der Zahnbürste an Schnuffs Schnauze.

»Uiuiui, Sie haben ja ganz hoch Fieber!«, sagt Doktor Bürste. »Ich brate jetzt ein Ei auf Ihrer Stirn.«

Robin legt die Seife auf Schnuffs Stirn. Dann ist er wieder still.

Er lauscht. Papa lacht immer noch nicht. Seltsam ist das. Also muss es noch lustiger werden.

Robin nimmt die Zahnpastatube und schraubt den Deckel ab. Dann hält er die Tube und Doktor Bürste hoch.

»Ich geb Ihnen eine Arznei«, sagt Doktor Bürste zu dem kranken Papa Schnuff. »Wenn Sie die nehmen, müssen Sie ganz laut lachen. Und dann werden Sie gesund.«

Robin hält die Zahnpastatube an Schnuffs Schnauze und drückt. Prrrwwgggt, macht die Tube. Schnuffs Backen werden schneeweiß. Als ob Schnuff sich rasieren will.

Darüber muss Robin furchtbar lachen.

Aber er lacht nicht lange. Er lauscht. Nein: Papa lacht nicht.

Robin nimmt die Shampooflasche.

»Hier spricht wieder Scham Po«, sagt er. »Uns fällt nichts Lustiges mehr ein. Der Vorhang geht zu.«

Robin hält das Handtuch hoch und steht auf. Hinter dem Handtuch hervor lugt er zu Papa hin.

Papa schläft.

Robin geht zum Kopfende des Betts und gibt Papa einen Kuss auf die Wange. Einen winzigen Kuss.

Im alten Haus war Papa nie krank. Vielleicht sollten sie wieder dort hinziehen.

Ansteckend

»Na, was fehlt Ihnen denn?«, fragt der Arzt.

»Ich fühle mich elend«, sagt Papa.

»Fieber?«, fragt der Arzt.

Papa nickt.

»Mussten Sie brechen?«, fragt der Arzt.

Brechen ist ein anderes Wort für spucken, das weiß Robin.

Der Arzt sitzt auf der Bettkante und Robin steht an der Tür und hört zu. Niemand schickt ihn weg.

»Ich hab die ganze Nacht brechen müssen«, sagt Papa mit einer Stimme wie von einem alten Mann.

»Müde sind Sie bestimmt auch«, sagt der Arzt.

»Hundemüde«, sagt Papa. »Als hätte ich ein Jahr lang kein Auge mehr zugetan.«

»Lachen kann Papa auch nicht mehr«, sagt Robin.

»Das hab ich mir gedacht«, sagt der Arzt. »Sie haben sich ein Virus eingefangen. Im Dorf sind noch mehr Leute daran erkrankt. Es kann eine gute Weile dauern, bis Sie wieder ganz gesund sind.«

»Was ist ein Virus, Papa?«, will Robin wissen.

»Das fragst du am besten den Herrn Doktor«, sagt Papa.

»Ein Virus«, sagt der Arzt, »ein Virus ... ist eine Art Teilchen, das in der Luft herumfliegt. Es ist so klein, dass man es nicht sieht. Beim Luftholen atmen manche Leute es versehentlich ein. Dann richtet es im Körper üble Sachen an. Es macht einen krank.«

Robin presst den Mund fest zu. Er holt nicht mehr Luft, um kein Virus einzuatmen. Krank werden will er auf keinen Fall.

»Sie müssen etwa zwei Wochen im Bett bleiben«, sagt der Arzt zu Papa. »Und sich von Kopf bis Fuß warm halten.«

»Aber wir haben Sommer«, sagt Papa. »Da ist es überall warm. Auch im Garten.«

»Nichts zu machen«, sagt der Arzt. »Sie bleiben im Bett.«

»Okay«, sagt Papa.

»Wenn Sie zu früh aufstehen, werden Sie nur noch kränker«, sagt der Arzt.

»Okay«, sagt Papa.

Er macht die Augen zu.

Robin ist kurz vorm Ersticken. Er hat immer noch nicht Luft geholt. Ihm wird so eng in der Brust, dass er husten muss.

Der Arzt dreht sich zu ihm um.

»Bist du etwa auch krank?«, fragt er.

»Nein«, stößt Robin hervor. »Ich hol nur keine Luft mehr, ich will nicht krank werden.«

»Wenn du keine Luft mehr holst, dann stirbst du«, sagt der Arzt.

Huch!

Robin holt doch wieder ein klein bisschen Luft. Mit der Hand vor dem Mund. So kann das Virus nicht in seinen Körper hinein.

»Wenn du nicht krank werden willst, Robin«, sagt der Arzt, »dann solltest du besser nicht in die Nähe deines Papas kommen. Nicht hier im Schlafzimmer spielen und ihm keinen Kuss geben. Das Virus ist nämlich sehr ansteckend.«

Das sagt der Arzt.

Und dann: bong, Tür zu, fort ist er.

Armer Papa!

»Was heißt ansteckend?«, fragt Robin.

»Dass du es auch kriegen kannst«, sagt Mama. »Wenn du in Papas Nähe bist, kannst du genauso krank werden wie er. Du musst sehr vorsichtig sein.«

»Aber«, sagt Robin, »aber … ich hab doch schon hier im Schlafzimmer gespielt. Ich hab für Papa Theater gespielt. Und danach … hab ich ihm einen Kuss gegeben. Ohne dass er davon aufgewacht ist.«

»Das Beste wäre, du bist für paar Tage außer Haus«, sagt Mama. »Bis es Papa wieder besser geht. Zu wem möchtest du denn gern?«

Darüber muss Robin nachdenken.

»Willst du zu Pieter? Oder zu Sil? Oder zu Alexander?«

Robin weiß es nicht.

»Oder lieber zu Onkel Klaas und Tante Betty?«

Robin weiß es noch immer nicht.

»Zu Tante Wil?«

Auf einmal weiß Robin es.

»Ich will zu Opa und Oma!«, ruft er.

Dass er daran nicht schon früher gedacht hat!

»Aber Opa und Oma wohnen in der großen Stadt, das ist weit weg«, sagt Mama.

»Onkel Klaas soll mich hinfahren, mit seinem Mercedes Benz.«

»Ich weiß nicht, ob Onkel Klaas dafür Zeit hat.«

»Was man nicht weiß, muss man fragen«, sagt Robin.

Mama lacht. Und zehn Minuten später ist alles geklärt: Opa und Oma freuen sich riesig auf Robins Besuch und Onkel Klaas bringt ihn gern in die große Stadt. Mit seinem Mercedes Benz. Gleich heute. Damit Robin nicht auch noch krank wird.

»Kannst du denn allein für Papa sorgen?«, sagt Robin zu Mama.

Sie nimmt ihn auf den Arm und gibt ihm einen dicken Kuss.

»Keine Bange«, sagt sie, »ich kann sehr gut für Papa sorgen.«

»Und was ist mit Suse? Kann die auch krank werden?«

»Ich achte darauf, dass sie nicht dauernd die Treppe raufsteigt, zu Papa rennt und auf seinem Bett herumtanzt.«

Haha! Suse kann ja noch gar nicht Treppen steigen und rennen und tanzen! Sie schläft in ihrem Laufstall und hat den Daumen im Mund.

Alles ist gut.

Robin und Mama gehen nach oben. Mama holt eine Reisetasche und macht sich in Robins Zimmer ans Packen: saubere Hosen, saubere Socken, saubere T-Shirts, Zahnbürste.

Robin geht zum Elternschlafzimmer, um sich von Papa zu verabschieden. Aber einen Kuss will er Papa diesmal nicht geben. Er wird sich hüten. Ganz vorsichtig wird er sein.

Vorsichtig macht Robin die Tür ein Stückchen auf. Vorsichtig lugt er durch den Spalt. Da liegt Papa. Er hat immer noch die Augen zu.

»Tschüss, Papa«, sagt Robin.

Ganz vorsichtig sagt er es.

»Tschüss, mein Schatz«, sagt Papa.

»Ich geh zu Opa und Oma«, sagt Robin.

»Sehr vernünftig«, sagt Papa.

»Ich darf dir keinen Kuss geben«, sagt Robin.

»Ich weiß«, sagt Papa. »Wir können uns ja eine Kusshand zuwerfen.«

Papa küsst seine Fingerspitzen und pustet den Kuss dann – pffft – zu Robin hin.

»Macht mich das nicht krank?«, fragt Robin.

»Nein«, sagt Papa, »das macht dich nicht krank.«

»Werd bald wieder gesund«, sagt Robin.

»Geht klar«, sagt Papa. »Bestellst du Oma und Opa schöne Grüße von mir?«

Robin nickt. Ganz vorsichtig. So vorsichtig wie … eine Weihnachtsbaumkugel. Eine gläserne Weihnachtsbaumkugel, die auf der Fensterbank liegt. Am offenen Fenster. Und bei Wind.

Ganz vorsichtig macht Robin die Schlafzimmertür hinter sich zu.

Er darf für eine Weile zu Opa und Oma. In die große Stadt. Vor vier Wochen ist Robin mit Opa und Oma ans Meer gefahren. Da war Papa noch nicht krank, sondern er und Mama und Suse sind umgezogen. Vom alten Haus ins neue Haus. Vielleicht, denkt Robin, vielleicht … wenn ich bei Opa und Oma bin … vielleicht ziehen sie dann ins alte Haus zurück. Und wenn ich wiederkomme, kann ich in meinem alten Zimmer schlafen. Wo die Wand an der richtigen Seite ist. Dann hab ich auch wieder einen Kletterbaum im Garten. Dann wohnen Onkel Klaas und Tante Betty wieder gegenüber. Und wir sind wieder in dem Haus, wo Suse auf die Welt gekommen ist. Und wo Papa nie krank war. Und wo kein Wolf oben an der Treppe lauert. Kein einziger. Dann wären wir wieder zu Hause.

»Ja, was ist denn da passiert?«, ruft Mama. »Schnuffs Kopf ist voller Zahnpasta!«

Ach so, ja …

Brücke

»Willst du noch ein Pfefferminz?«, fragt Opa.

Was für eine Frage! Klar will Robin noch ein Pfefferminz.

Robin und Opa sitzen in dem Holzhäuschen an der Brücke. Sobald ein großes Schiff kommt, muss die Brücke aufgeklappt werden. Große Schiffe können nämlich nicht darunter durchfahren.

Opa macht die Brücke auf, denn er ist der Brückenwärter.

Opas Brücke liegt mitten in der großen Stadt. Sie führt über einen Kanal nicht weit vom Fluss. Durch das Fenster des Holzhäuschens kann man den Fluss sehen. Er ist breit und das andere Ufer weit weg. Drüben stehen hohe Häuser. Häuser mit schönen Giebeln. Manche Giebel sehen aus wie ein Hals, andere wie eine Treppe und wieder andere wie eine Glocke. Und die Häuser haben viele Fenster. Vielleicht sitzt an einem der Fenster ein Junge, denkt Robin, und der guckt zum anderen Ufer, zu unserem Häuschen.

Opa hat seine schönste Mütze auf, die mit dem glänzenden schwarzen Schild. Und dazu trägt er seine Jacke mit den goldenen Knöpfen am Bauch und an den Ärmeln. Daran erkennt man, dass Opa Brückenwärter ist.

Ja, Opa ist Brückenwärter, aber es kommt kein Schiff! Robin und Opa warten und warten, und sie lutschen noch ein Pfefferminz und noch eins und noch eins, bis die Rolle alle ist.

»Alle! Schluss! Aus!«, sagt Opa.

»Aus die Maus«, sagt Robin.

Opa wirft das Papier von der Pfefferminzrolle in den Abfalleimer und plötzlich ist ein Schiff vor der Brücke. Robin und Opa gehen rasch hinaus.

»Willst du auf den grünen Knopf drücken?«, fragt Opa.

»Krieg ich davon einen Schlag?«, fragt Robin.

»Natürlich nicht. Ich krieg ja auch nie einen.«

Dann will Robin gern.

Opa schließt das Kästchen neben der Brücke auf und hebt Robin hoch. Robin drückt auf den grünen Knopf. Es bimmelt. Ganz laut. Die rot-weiß gestreiften Schranken senken sich. Fahrräder, Motorräder und Autos halten an. Die Brücke beginnt zu summen. Dann geht sie langsam hoch. Es ist ein lustiger Anblick: Ein Stück Straße klappt einfach in die Höhe, mitsamt dem Brückengeländer. Robin weiß, dass es eine elektrische Brücke ist. Aber was elektrisch ist, weiß er nicht genau. Darum fragt er Opa.

»Opa, was heißt elektrisch?«

»Hilfe«, sagt Opa. »Das weiß ich gar nicht so recht. Die Frage ist zu schwierig für mich.«

Er gibt Robin die Angel: einen langen Stock mit einer Schnur am Ende. An der Schnur hängt eine kleine Holzpantine.

Als das Schiff unter der Brücke durchgefahren ist, lässt Robin die Holzpantine hinab. Der Kapitän hält sie fest und legt ein paar Münzen hinein. Dann zieht Robin die Pantine wieder hoch. Der Kapitän tippt sich an die Mütze und Robin tippt sich ans Haar. Opa nimmt das Geld aus der Pantine.

»Gute Fahrt!«, ruft er dem Mann zu.

»Danke!«

»Gute Fahrt!«, ruft Robin.

»Dir auch danke, kleiner Brückenwärter«, sagt der Schiffer.

Robin darf wieder auf einen Knopf drücken und die Brücke geht zu. Ganz langsam. Sie senkt sich und senkt sich immer weiter und ... Bong! Es summt noch kurz im Metall. Dann bimmelt es wieder und die Schranken gehen hoch. Jetzt können die Motorräder, Fahrräder und Autos über die Brücke fahren.

»Ich versteh nicht, wie das geht«, sagt Robin.

»Ich auch nicht«, sagt Opa.

Sie gehen wieder in das Holzhäuschen.

»Ich weiß nur, dass Elektrizität sehr praktisch ist«, sagt Opa. »Sie wird in einer Fabrik erzeugt und fließt durch Leitungen in die Häuser. Dort brennen dann die Lampen und das Radio spielt

Musik. Und wenn Elektrizität in die Brücke fließt, geht sie auf und wieder zu. Per Knopfdruck.«

»Und die Elektrizität fließt auch in die Windmühlen, dann drehen sich die Flügel«, sagt Robin. Er hat es kapiert. »So machen die Mühlen Wind.«

»Du hast's noch nicht richtig kapiert«, sagt Opa. »Es ist genau andersherum. Die Mühlenflügel drehen sich, weil der Wind hineinbläst, und gerade dadurch wird Elektrizität erzeugt. So ungefähr jedenfalls. Jungejunge, das ist ganz schön kompliziert!«

»Aber …«, sagt Robin.

»Moment mal.« Opa setzt sich hin und zieht die Tischschublade auf. Er nimmt ein Heft und einen Bleistift heraus. Mit dem Bleistift schreibt er in das Heft.

»Was machst du da?«, fragt Robin.

»Ich schreib auf, dass ich Geld von dem Mann mit dem Schiff bekommen hab«, sagt Opa.

»Warum?«

»Das muss ich.«

»Wer sagt das?«

»Der Chef von den Brücken«, sagt Opa.

»Bist das nicht du: der Chef von den Brücken?«

»Nur von dieser Brücke«, sagt Opa. »Nicht von allen.«

»Papa ist der Chef von der Schule«, sagt Robin.

»Aber nicht von allen Schulen«, sagt Opa. »Man kann nicht alles haben.«

Das stimmt. Wenn es so wäre, dann hätte man die ganze Welt als Garten und müsste ungeheuer viel Gras mähen. Das würde Robin nicht wollen.

Er geht zur Tür und schaut hinaus. Wenn man alles hätte, würde einem die ganze große Stadt gehören und man müsste die Fenster aller Häuser putzen. Und alle Tauben füttern.

Ein paar alte Männer gehen vorbei. Sie wohnen in einem Altmännerheim. Das weiß Robin, weil Opa es ihm erzählt hat. Ein Stück weiter sieht er Schoof vom Flaschenkeller. Schoof trägt lee-

re Flaschen in seinen Keller und schaut nach, ob vielleicht noch etwas drin ist. In den Flaschen. Schoof hat auch nicht alles. Er hat keine vollen Flaschen.

»Komm«, sagt Opa. »Wir sehen's uns an.«

Er nimmt Robin auf den Arm und geht mit ihm ins Freie. Dort setzt er Robin auf das Brückengeländer und hält ihn mit seinen starken Armen gut fest. So kann Robin nicht ins Wasser fallen.

»Was sehen wir uns an?«, fragt Robin.

»Alles«, sagt Opa. »Man kann zwar nicht alles haben, aber ansehen kann man sich alles. Und hier ist es schön.«

Sie sehen sich alles an, Robin und Opa. Den Fluss, die Häuser am anderen Ufer, die Schiffe auf dem Wasser, die Möwen, die Wolken und die Sonne, die auf alles scheint.

»Wer gut hinsieht, der hat hinterher den Kopf voller schöner Bilder«, sagt Opa.

»Das will ich gern«, sagt Robin.

»Das hab ich mir schon gedacht«, sagt Opa.

»Opa, ich will noch was fragen«, sagt Robin. »Wo kommt der Wind her?«

»Das sag ich dir gern«, sagt Opa. »Eigentlich ist es ein Geheimnis, aber weil du mein Enkel bist, mach ich eine Ausnahme. Der Wind kommt aus den Mündern von Kindern, die den lieben langen Tag Fragen stellen. Und wenn es schwierige Fragen sind, dann stürmt es und weht einem die Mütze vom Kopf.«

»Dann halt deine Mütze gut fest«, sagt Robin. »Jetzt kommt nämlich die allerschwierigste Frage von der Welt: Krieg ich noch ein Pfefferminz?«

Park

Robin und Opa sitzen am Fenster und schauen hinaus. Sie sind bei Opa und Oma zu Hause, im dritten Stock, und unten ist ein Platz mit hohen Bäumen. Dort spielen ein paar Jungs Fußball. Und an den Häusern gehen Leute vorbei.

Robin sitzt auf Opas Schoß.

»Schau mal.« Opa deutet nach unten. »Dort hat dein Papa auch immer Fußball gespielt. Als er noch ein Junge war.«

»Das ist lange her«, sagt Robin.

»Gar nicht so sehr«, meint Opa. »Ich weiß es noch gut.«

»Papa ist Torwart«, sagt Robin. »Er steht immer im Tor.«

»Damals noch nicht«, sagt Opa. »Da ist er munter auf dem Platz herumgerannt. Ich hab ihm gern zugesehen.«

Oma sitzt auf dem Sofa und liest Zeitung. Eigentlich ist das Sofa kein Sofa mehr. Es liegt nämlich ein Laken darauf und eine Decke und ein Kissen. Aus dem Sofa ist ein Bett geworden und in dem Bett hat Robin heute Nacht geschlafen. Mit Schnuff. Schnuff schläft immer noch. Er liegt unter der Decke, neben Oma. Und er wird nicht wach, wenn Oma eine Seite umblättert.

Opa hebt Robin von seinem Schoß und stellt ihn auf den Boden.

»Ufff, was bist du groß geworden! Wann haben wir uns das letzte Mal gesehen? Zu Beginn der Sommerferien? Seitdem bist du schon wieder größer geworden. Und schwerer.«

»Und lustiger«, sagt Robin. »Ich bin jetzt genauso lustig wie du.«

»Viel lustiger«, sagt Opa. »Komm, wir gehen Fußball spielen.«

»Unten auf dem Platz?«, fragt Robin.

»Nein, im Park«, sagt Opa.

Er holt den Ball vom Balkon und wirft ihn Robin zu. Robin fängt ihn mit den Armen auf.

»Du hast das Zeug zu einem guten Torwart«, sagt Opa.

»So wie Papa«, sagt Robin.

Robin und Opa gehen drei Treppen hinab, öffnen die Haustür und schon sind sie draußen auf dem Platz. Sie schauen nach oben. Oma steht am Fenster und winkt ihnen zu. Robin und Opa winken zurück. Dann drehen sie sich um und gehen los. Über den Platz. Zum Park.

Im Park gibt es Teiche mit Schwänen und Enten. Wenn die Schwäne Junge haben, darf man nicht in ihre Nähe kommen. Sonst schlagen sie mit den Flügeln. Und ihre Flügel sind so kräftig, dass sie einem leicht den Arm brechen können. Aber jetzt, im Hochsommer, sind die Jungen schon groß. Sie segeln wie Schiffe hinter Mama und Papa her übers Wasser. Vor den Enten braucht man sich nicht zu fürchten, die wollen nur Brot. Robin und Opa haben aber kein Brot dabei. Total vergessen.

Im Park gibt es auch weite Rasenflächen. Dort liegen im Schatten der Bäume große Jungs und Mädchen. Sie liegen dicht beieinander und reden leise. Man versteht nicht, was sie sagen. Und wenn sie nicht reden, dann küssen sie sich. Sie sind verliebt. Robin weiß, was das ist: Verliebtsein. Er ist in Evi verliebt. Aber er hat sie lange nicht gesehen.

An den Teichen und Rasenflächen führen breite Wege entlang. Auf denen fahren Radler und gehen Mütter mit Kinderwagen spazieren. Früher, vor langer Zeit, hat Robin in der großen Stadt gewohnt. Da war er noch ein Baby. Er lag auch in einem Kinderwagen und Mama schob ihn durch den Park. Durch diesen Park. Davon hat Mama oft erzählt. Robin wollte nie schlafen, wenn er im Park spazieren gefahren wurde. Er wollte sich die Bäume mit ihren tanzenden Zweigen und ihren raschelnden Blättern anschauen. »Ich hab an deinen Augen gesehen, wie sehr dir das gefallen hat«, sagt Mama dann. Robin schaut hoch. Die Bäume gefallen ihm immer noch.

An den Baumstämmen hängen kleine Schilder. Darauf steht, wie die Bäume heißen. Robin kann noch nicht lesen, Opa aber schon.

»Buche, Eiche, Ahorn, Kastanie«, liest Opa vor. »Im Herbst gehen wir mal miteinander in den Park. Dann lesen wir Bucheckern auf. Die kann man essen. Und aus den Eicheln und Kastanien basteln wir Tiere. Und die kleinen Hubschrauber vom Ahorn werfen wir hoch und schauen zu, wie sie nach unten kreiseln. Wollen wir das machen?«

Robin nickt.

Das ist also abgemacht.

Robin rennt zu einem Wasserspender am Wegrand. Es ist eine kleine grüne Säule mit einem Knopf daran. Wenn man auf den Knopf drückt, sprudelt oben aus der Säule Wasser heraus. Robin drückt auf den Knopf und hält seinen Kopf so, dass ihm das Wasser direkt in den Mund sprudelt. Dann macht er den Mund zu und schluckt das Wasser hinunter. Und noch mal. Und noch mal. Robin nimmt kleine Häppchen Wasser. Und genießt jedes einzelne. Es ist das beste Wasser auf der Welt.

Fantast

»Siehst du den Mann dort?«, sagt Opa, »Der ist ein Schriftsteller.«

Robin sieht einen alten Mann mit einem weißen Hut. Er sitzt auf einer Bank und blickt in die Ferne.

Robin denkt nach. Was ist ein Schriftsteller gleich wieder? Jemand, der schreibt – das weiß Robin. Aber fast jeder schreibt. Papa schreibt an die Schultafel, Mama schreibt Briefe, Oma schreibt Einkaufszettel, Opa schreibt in das Heft in seinem Brückenwärterhäuschen. Schreiben kann jeder. Jedenfalls alle Erwachsenen. Und Kinder auch, wenn sie nicht mehr klein sind. Was also ist ein Schriftsteller genau?

Robin fragt Opa danach.

»Wie, das weißt du nicht?«, sagt Opa. »Wo ihr doch so viele Bücher zu Hause habt? Alle diese Bücher sind von Schriftstellern geschrieben worden.«

»Schreiben kann doch jeder«, sagt Robin.

»Da hast du recht«, sagt Opa. »Aber nicht jeder schreibt Bücher. Ein Schriftsteller schreibt Bücher. Bevor er aber schreibt, muss er erst lange nachdenken. So lange, bis er eine Geschichte im Kopf hat. Und bis die Geschichte ihm gefällt.«

»Das kann ich auch!«, sagt Robin.

»Und ob du das kannst!«, sagt Opa. »Wenn jemand sich Geschichten ausdenkt, nennt man das fantasieren. Und du hast viel Fantasie. Du bist ein Fantast.«

Robin nickt. Ein Fantast, das hört sich gut an. Ein Fantast ist er gern.

»Aber ein Schriftsteller fantasiert nicht nur«, fährt Opa fort, »er schreibt auch auf, was er sich ausgedacht hat.«

»Mit lauter schönen Wörtern, oder?«, fragt Robin.

»Nicht unbedingt«, sagt Opa. »Eine schöne Geschichte kann

man auch mit gewöhnlichen Worten schreiben. Man muss die Worte nur an die richtige Stelle setzen – das ist die Kunst.«

Opa denkt kurz nach.

»Mit einer Geschichte verhält es sich wie mit diesem Park«, sagt er dann. »Hier stehen gewöhnliche Bäume. In den Teichen ist gewöhnliches Wasser und der Rasen besteht aus gewöhnlichem Gras. Auch die Bänke und die Rasengitter und die Wasserspender sind gewöhnlich. Aber alles ist so angeordnet, dass ich immer wieder denke: Mann, ist das ein schöner Park! Genauso ist es mit einer Geschichte. Man kann gewöhnliche Worte schreiben, wenn man sie nur an die richtige Stelle setzt.«

»Ich kann nicht mal gewöhnliche Wörter schreiben«, sagt Robin.

»Das kommt noch«, sagt Opa. »In einem Jahr lernst du in der Schule schreiben. Alle Wörter. Damit kannst du die Geschichten aufschreiben, die du im Kopf hast.«

»Und dann bin ich ein Schriftsteller«, sagt Robin.

»Dann bist du ein Schriftsteller«, sagt Opa.

Robin nickt zufrieden.

In einem Jahr ist er ein Schriftsteller.

Sie gehen an dem alten Schriftsteller auf seiner Bank vorbei.

»Der guckt aber komisch«, sagt Robin, als sie ein Stück weiter sind.

»Er fantasiert«, sagt Opa. »Und darüber hat er ganz vergessen, dass er auf einer Bank im Park sitzt. Er betrachtet das, was in seinem Kopf ist. Uns beide sieht und hört er nicht. Vielleicht ist er in seinem Kopf gerade auf einer wunderschönen Insel.«

Opa geht auf den Rasen. Er wirft den Ball vor sich auf den Boden und kickt ihn mit aller Kraft. Der Ball fliegt hoch und höher und noch höher, bis weit über die Baumkronen. Man sieht ihn schon fast nicht mehr.

»Guter Schuss, Opa«, sagt Robin.

»Der Ball kommt so schnell nicht wieder runter«, sagt Opa.

»Bestimmt fangen die Männchen auf dem Mond ihn auf. Dann

spielen sie damit. Und sie kicken ihn erst wieder runter, wenn sie ins Bett müssen.«

»Soll ich dir mal was erzählen?«, sagt Opa. »Früher, als junger Bursche, konnte ich noch viel höher kicken. Damals hatte ich einen schönen weißen Fußball, auf den war ein freundliches Gesicht gemalt. Eines Tages hab ich den Ball so hoch gekickt, dass er nicht mehr runtergekommen ist. Jedenfalls hab ich ihn nie mehr gesehen.«

»Aber ich«, sagt Robin. »Wenn es dunkel ist, sieht man ihn. Ganz hoch oben am Himmel. Er ist weiß und hat ein freundliches Gesicht. Dein Ball heißt jetzt Mond.«

»Das musst du aufschreiben«, sagt Opa.

»Kann ich doch noch nicht«, sagt Robin.

»Ach ja, stimmt«, sagt Opa.

Er setzt sich auf eine Bank.

»Komm, Robin«, sagt er, »hier warten wir, bis unser Ball wieder runterkommt.«

Robin setzt sich neben Opa. Der Ball liegt längst wieder im Gras, das weiß Robin sehr wohl. Irgendwo liegt er und man kann ihn sehen und mit dem Fuß berühren. Aber manchmal ist Fantasieren schöner als die Wirklichkeit.

»Und bis dahin sehen wir uns etwas Schönes an«, sagt Robin.

Er macht die Augen zu.

»Ooo, ist das schön!«, sagt er.

»Was siehst du?«, fragt Opa.

»Ich bin in meinem Kopf auf einer wunderschönen Insel«, sagt Robin.

»Ich auch«, sagt Opa.

Speicher

Es ist Abend. Robin und Opa und Oma haben lecker gegessen und hinterher zusammen abgewaschen. Opa hat gespült, Robin hat abgetrocknet, Oma hat alles noch einmal abgetrocknet und danach die Teller, die Gläser und das Besteck weggeräumt.

Jetzt sitzen Oma und Robin auf dem Sofa im Wohnzimmer, auf dem Sofa, das nun Robins Bett ist. Sie sitzen auf der Bettdecke. Oma liest aus einem Buch vor. Das Buch hat ein Schriftsteller geschrieben. Es handelt von einem dicken Jungen und einem dünnen Jungen und ist superlustig.

Opa sitzt am Tisch in der Essecke und liest Zeitung. Was nicht einfach ist, denn auf der Zeitung liegt der Kater. Der Kater heißt Flip und ist schon alt. Er schläft auf der Zeitung. Opa liest um Flip herum. Er liest die Wörter, die er sehen kann, und wenn er die alle gelesen hat, nimmt er Flip vorsichtig mit beiden Händen und schiebt ihn auf der Zeitung ein Stück weiter. Dann liegt Flip auf den Wörtern, die Opa schon gelesen hat, und Opa kann neue Wörter sehen. Flip schläft einfach weiter, nichts kann ihn aufwecken. Darin ist er Schnuff ähnlich.

Aber ansonsten ist Flip Schnuff ganz und gar nicht ähnlich. So ist er zum Beispiel ein Kater und kein Schweinchen. Und er

ist weiß und rot gefleckt und nicht rosa. Er hat einen langen Schwanz ohne Ringel und keinen kurzen mit Ringel. Und … Flip hat Angst vor Robin.

Robin versteht überhaupt nicht, dass jemand Angst vor ihm haben kann.

Aber so ist es nun einmal.

Trotzdem findet Robin es schade, denn er würde Flip gern streicheln. Er hat es schon oft versucht, aber es klappt nie.

Jetzt will er es noch einmal probieren. Er steht vom Sofa auf.

»Moment mal, Oma«, sagt er, »ich bin gleich wieder da.«

Auf Zehenspitzen geht er zur Essecke. Gleich ist er am Tisch. Er streckt die Hand aus … aber Pustekuchen! Flip hat ihn bemerkt. Er reißt die Augen auf, seine Pfoten rennen schon, bevor er steht, und seine Krallen zerkratzen – ritsch-ratsch – die Zeitung. Er springt vom Tisch und rennt zur Tür hinaus.

»Vielen Dank«, sagt Opa. »Jetzt kann ich ja umblättern.«

Er blättert um. »Flip kann Kinder nicht leiden«, sagt er zu Robin. »Komisch, was?«

Robin rennt auch zur Tür hinaus. Hinter Flip her. In den Flur. Aber im Flur ist Flip nicht und auch nicht in der Küche und nicht im Schlafzimmer von Oma und Opa.

Da! Die Wohnungstür steht einen Spalt offen.

Robin geht ins Treppenhaus. Links führen drei lange Treppen hinab zur Haustür. Robin schaut bis ganz nach unten, aber Flip ist nicht zu sehen. Rechts ist die Treppe zum Speicher.

Robin poltert die Speichertreppe hinauf.

Auf dem Speicher ist es nicht dunkel. Robin sieht die drei Speicherabteile. Und er sieht auch, was darin ist, denn die Abteile haben Gittertüren aus Holz, durch die man durchgucken kann. Das erste Abteil gehört den van den Brinks, die im ersten Stock wohnen. Das zweite Abteil gehört den Brugmans, die im zweiten Stock wohnen. Und das dritte Abteil gehört Opa und Oma. Robin drückt das Gesicht ans Gitter.

Er sieht Opas Werkbank mit dem Schraubstock. Er sieht die Hämmer und die Beißzangen und die Sägen, die an der Wand hängen. Er sieht die Schubladen der Werkbank und weiß, was darin ist: Schrauben, Nägel, Muttern, Bolzen, Krampen. Und in einer Schublade sind lauter Vorhängeschlösser. Robin schnuppert. Es riecht gut auf dem Speicher. Nach Metall. Nein, denkt Robin, es riecht nicht nach Metall, es riecht nach Vorhängeschlössern.

»Robin?«

Das ist Opa Stimme.

»Robin, wo bist du?«

»Auf dem Speicher!«

»Was machst du da?«

»Ich such Flip!«

»Der ist längst im Freien!«

Robin dreht sich um.

Am anderen Ende des Speichers ist ein Fenster. Es ist sehr weit oben. Darunter steht eine Trittleiter. Man kann darauf zum Fenster hochsteigen, das offen ist. Da wird Robin klar: Flip muss auf dem Dach sein.

Robin steigt die Trittleiter hinauf und steckt den Kopf aus dem Fenster. Jetzt ist er weiter oben als die Baumkronen und als die Häuser gegenüber. Er sieht den blauen Himmel und die weißen Wolken und in der Ferne den Turm einer Kirche. Und dann sieht er auch Flip. Der Kater hockt in der Dachrinne. Er miaut und starrt Robin böse an.

»Komm her, Flip«, sagt Robin. »Komm nur. Ich tu dir nichts.«

Robin erschrickt, als er plötzlich von zwei starken Armen gehalten wird.

»Was du da machst, ist gefährlich«, sagt Opa. »Du darfst dich nicht so weit aus dem Fenster lehnen. Lass Flip ruhig auf dem Dach sitzen. Der kommt schon zurecht.«

Dann hebt Opa Robin von der Leiter und stellt ihn auf den Boden.

Opa hat seine Uniform an. Seine Brückenwärteruniform. Und auf dem Kopf trägt er die Mütze mit dem glänzenden schwarzen Schild.

»Darf ich mir deine Werkbank ansehen?«, fragt Robin.

»Morgen«, sagt Opa. »Jetzt muss ich zur Brücke.«

»Aber es ist Abend«, sagt Robin.

»Abends sind auch Schiffe unterwegs und müssen unter der Brücke durch«, sagt Opa. »Da kann ich nicht einfach wegbleiben, das verstehst du sicher. Manchmal arbeite ich tagsüber und manchmal in der Nacht.«

»Darf ich mit?«

»Du bist wohl nicht bei Trost! Für dich ist bald Schlafenszeit.«

Dann eben nicht. Auch gut.

»Hier hab ich den Ball«, sagt Opa. »Ich zeig dir, was dein Papa früher damit gemacht hat.«

Opa wirft den Ball an die Wand. Er prallt zurück und Opa fängt ihn. Noch einmal wirft Opa den Ball, wieder prallt er zurück und Opa fängt ihn. Ein schönes Spiel!

»Das hat dein Papa oft gemacht«, sagt Opa. »Ganze Nachmittage lang. Ab und zu hat er den Ball schräg nach vorn geworfen, sodass er in eine andere Richtung abgeprallt ist. Dann hat dein Papa einen Hechtsprung gemacht, um ihn zu fangen. So hat er trainiert, um später Torwart zu werden.«

»Das will ich auch«, sagt Robin.

»Das hab ich mir schon gedacht«, sagt Opa. »Bis morgen dann.«

Er gibt Robin den Ball und einen Kuss und geht die Treppe hinunter.

Robin wirft den Ball an die Wand. Er prallt gerade zurück und Robin fängt ihn. Er wirft den Ball wieder und wieder und noch einmal. Es klappt gut: Jedes Mal kann er den Ball fangen. Aber er will auch den Hechtsprung trainieren, so wie Papa. Damit er auch Torwart wird.

Robin wirft den Ball schräg nach vorn. Viel zu schräg! Der Ball prallt von der Wand ab und kommt weit weg von Robin am Boden auf. Wäre Robin so groß wie eine Giraffe und hätte Arme wie Fahnenstangen und Hände wie Kissen, dann hätte er den Ball vielleicht fangen können, so aber nicht. Robin holt den Ball und wirft ihn wieder an die Wand. Jetzt nicht mehr so schräg. Nur ein bisschen. Der Ball prallt zurück, und Robin macht einen Hechtsprung. Gleich hat er den Ball, er …

Autsch!

Robin landet hart auf dem Knie. Es tut scheußlich weh.

Er setzt sich auf und betrachtet sein Knie. Es ist aufgeschürft. Robin sieht eine weiße Stelle und wartet, dass Blut kommt. Aber es kommt kein Blut.

Die Lust, Torwart zu werden, ist Robin fürs Erste vergangen.

Banane

»Guck mal, Oma!« Robin hält Oma sein Knie hin.

Oma betrachtet das Knie.

»Tut es weh?«, fragt sie.

»Ein bisschen.«

»Ich weiß was«, sagt Oma.

Sie nimmt ein Schokolädchen aus einer Dose und legt es auf Robins Knie.

»Wenn dein Knie nicht mehr wehtut, darfst du es aufessen.«

Robin sitzt in Opas Lehnsessel. Auf seinem Knie liegt das Schokolädchen. Es sieht sehr lecker aus. Aber der Schmerz ist noch nicht vergangen.

Also schaut Robin woandershin. Er schaut zum Balkon an der Rückseite des Hauses. Der Balkon heißt Veranda. Robin darf nicht auf die Veranda gehen. Sie ist so alt, dass sie runterkrachen könnte, wenn man daraufgeht. Und dann fällt man drei Stockwerke tief. Das tut dann so richtig weh.

Eigentlich hat Robin keine Schmerzen mehr im Knie. Ein bisschen was spürt er noch, aber es ist nicht schlimm. Wieder schaut er das Schokolädchen an. Es ist wie eine Banane geformt. Robin weiß, dass es mit feinem Gelee gefüllt ist. Unglaublich fein schmeckt das! Robin streckt die Hand aus.

»Sind die Schmerzen weg?«, fragt Oma.

»Fast«, sagt Robin.

»Siehst du, es hilft«, sagt Oma.

Das Schokolädchen fängt an zu schmelzen. Es klebt an Robins Knie fest. Womöglich schmilzt es noch ganz! Dann hat Robin ein dreckiges braunes Knie, das auch noch ein bisschen wehtut, und kein Schokolädchen mehr.

»Jetzt!«, sagt Robin. »Jetzt tut es nicht mehr weh.«

Er nimmt das Schokolädchen und steckt es in den Mund.

»Schön«, sagt Oma. »Es war auch höchste Zeit. Du musst nämlich ins Bett: aufs Klo, Zähne putzen und ab in die Federn.«

Robin bleibt noch sitzen, bis er das Schokolädchen ganz aufgegessen hat. Dann zieht er sich aus und schlüpft in seinen Schlafanzug. Er putzt sich die Zähne. Schade um den feinen Geleegeschmack im Mund …

Oma sitzt schon auf der Bettkante. Mit dem Buch über den dicken Jungen und den dünnen Jungen auf dem Schoß.

»Kannst du mir eine Geschichte erzählen?«, sagt Robin. »Nicht vorlesen, sondern erzählen. Selber ausdenken.«

»Darin bin ich nicht so gut«, sagt Oma.

»Aber ich«, sagt Robin.

»Dann mal los«, sagt Oma. »Ich hör zu.«

Robin macht einen Hechtsprung ins Bett. Das Sofa ist so weich, dass man ruhig draufspringen kann. Er schlüpft unter die Decke, nimmt Schnuff in den Arm und steckt eine Hand in den Kopfkissenbezug.

»Also«, sagt er. »Früher gab es noch keinen Mond. Da war es nachts immer ganz finster. Nur ein paar kleine Sterne leuchteten. Aber dann kam ein Junge und der hatte einen schönen Fußball.«

»Wie hieß der Junge denn?«, fragt Oma.

»Der hieß Opa«, sagt Robin.

»Komischer Name für einen Jungen«, sagt Oma.

»Wie heißt Opa gleich wieder mit Vornamen?«, fragt Robin.

»Johannes«, sagt Oma.

»Der Junge hieß Johannes«, sagt Robin. »Und er hatte einen schönen Fußball. Einen, der im Dunkeln leuchtete. Und es war ein freundliches Gesicht draufgemalt. Mit Augen. Der Junge konnte supergut kicken. Eines Tages kickte er den Ball so fest und so hoch, dass er bis zum Himmel flog. Und nie mehr runterkam.«

»Nie mehr?«, fragt Oma.

»Nie mehr«, sagt Robin. »Bis heute nicht.«

»Na, so was«, sagt Oma.

»Der Mond ist am Himmel hängen geblieben«, sagt Robin. »Nein, halt: Der Ball ist am Himmel hängen geblieben. Und jetzt ist er der Mond.«

»Aber ist Johannes denn nie eine Treppe hinaufgestiegen?«, fragt Oma. »Oder auf einen Baum geklettert? Oder mit einer Rakete ins All gesaust, um seinen Ball zu holen?«

»Nie«, sagt Robin. »Aber später hat Johannes ein Kind gekriegt, das hieß Kees, und Kees wollte den Mond runterholen und seinem Papa wiedergeben.«

»Meinst du deinen Papa Kees?«, fragt Oma.

»Ja«, sagt Robin, »und Papa ist Torwart. Er hat auf dem Speicher trainiert. Papa sprang zum Himmel hoch, um den Mond zu holen.«

»Und dann?«, fragt Oma.

»Papa konnte nicht hoch genug springen«, sagt Robin. »Darum hängt der Mond immer noch am Himmel. Aber eigentlich ist er Opas Ball.«

»Das war eine schöne Geschichte«, sagt Oma.

»Und sie lebten noch lange und glücklich«, sagt Robin.

»Aber Opas Ball ist immer noch weg.«

»Das findet er nicht schlimm«, sagt Robin. »Wir haben längst einen anderen Ball.«

»Willst du vielleicht Opas Ball vom Himmel runterholen?«, fragt Oma.

»Das geht doch nicht!«, sagt Robin. »Papa hat's auch nicht gekonnt.«

»In Geschichten geht alles«, sagt Oma.

Das stimmt.

Robin denkt nach.

»Also«, sagt er dann. »Johannes hatte einen Sohn, der hieß Kees, und Kees hatte einen Sohn, der hieß Robin, und der baute eine

Treppe bis in den Himmel. Oben an der Treppe lauerte ein Wolf mit scharfen Zähnen und Augen wie aus Gold. Aber Robin hatte keine Angst vor dem Wolf. Er nahm den Mond und brachte ihn Opa zurück. Von da an war der Mond wieder ein Ball. Opas Ball. Und sie spielten noch lange und glücklich Fußball. Ende. Und der Wolf ging in ein anderes Land.«

»Wunderbar«, sagt Oma. »Vielen Dank. Jetzt aber gute Nacht.«

Sie beugt sich über Robin und gibt ihm einen Kuss.

»Moment mal«, sagt Robin. »Ich muss noch aufs Klo. Du hast selber gesagt: aufs Klo, Zähne putzen und ab in die Federn. Das Klo hab ich vergessen.«

»Dann geh schnell«, sagt Oma.

Fieber

Robin geht durch die große Stadt. Er ist ganz allein. Opa und Oma sind nicht bei ihm, Mama und Papa auch nicht. Und auf der Straße sind auch keine anderen Leute. Aber Robin hat keine Angst. Er geht einfach weiter. Vor einem Laden bleibt er stehen.

Ist es überhaupt ein Laden? Das Haus sieht genauso aus wie das Haus, in dem Robin früher gewohnt hat. Wie kann das sein? Robins altes Haus steht doch nicht in der großen Stadt!

Robin späht durch das Fenster hinein. Ich muss etwas Schönes kaufen, denkt er, aber was?

Er sieht nur fünf große Holzpuppen. Sie sind so groß wie erwachsene Männer und haben Hüte auf. Robin öffnet die Tür und geht in den Laden. Drinnen ist es ganz hell. Robin sieht keine Wände und auch keine Decke, trotzdem ist er in einem Raum. Die fünf Puppen verbeugen sich artig. Sie nehmen die Hüte ab.

»Was darf es sein?«, fragen sie. Alle fünf gleichzeitig.

»Ich suche etwas Schönes«, sagt Robin.

Die erste Holzpuppe zeigt ihm eine Uhr, die zweite einen Bleistift, die dritte eine Keksdose, die vierte ein Hufeisen, die fünfte einen Schmetterling, der mit einer Nadel auf ein Polster gepinnt ist.

»Aber das ist doch nicht schön!«, schreit Robin. »Das ist nicht schön!«

»Was ist nicht schön?«, fragt Oma.

Ihr Gesicht ist ganz nah. Sie fährt mit einem feuchten Waschlappen über Robins Stirn. Robin ist eiskalt. Das heißt, nein, ganz heiß ist ihm. Er zittert. So kalt ist ihm. Er schwitzt. Und schlecht ist ihm auch.

»Du hast Fieber«, sagt Oma. »Schlaf wieder, mein Junge, dann merkst du nicht, dass du krank bist.«

Schlafen möchte Robin gern wieder, aber träumen nicht mehr. Er macht die Augen zu. Und dann … spürt er es. Er spürt es im Bauch und im Hals.

»Oma!«, sagt er. »Ich muss …«

Und schon spuckt er.

Oma hält ihm rasch einen Eimer hin.

»Ich hatte schon befürchtet, dass du spucken musst«, sagt sie. »So geht's wenigstens nicht ins Bett.«

Robin spuckt noch einmal und noch einmal, er spuckt den halben Eimer voll. Oma wischt ihm den Mund ab, dann schläft Robin wieder ein. Und er träumt, obwohl er nicht mehr träumen wollte. Der Traum von vorher geht einfach weiter.

Wieder ist er in seinem alten Haus, das jetzt ein Laden ist. Ein Laden in der großen Stadt. Die fünf Holzpuppen schieben Robin eine Treppe hinauf. Er sieht keine Wände und auch keine Decke, aber eine Treppe ist da. Oben an der Treppe steht eine Frau in einem roten Kleid. Robin sieht, dass auch sie aus Holz ist. Nur ihre Augen sind echt. Sie sehen ihn freundlich an. Plötzlich weiß Robin, wer die Frau ist: Evi, aber in ganz groß. Sie zeigt auf einen Umschlag, der auf einem Tisch liegt.

»Da ist das Foto drin«, sagt sie.

Robin nimmt den Umschlag und zieht ein Foto heraus.

»Wir sind beide drauf«, sagt die große Holz-Evi.

Robin betrachtet das Foto. Er sieht einen toten Baum. Es ist der Kletterbaum im Garten hinter dem alten Haus. Neben dem Baum steht Evi. Nicht als große Frau aus Holz, sondern als kleines Mädchen, so wie Robin sie kennt. Aber außer Evi ist niemand auf dem Foto.

»Ich bin nicht drauf«, sagt Robin.

»Doch«, sagt Evi. »Du bist auch drauf. Nur nicht immer.«

Das versteht Robin nicht. Noch einmal betrachtet er das Foto. Und da sieht er es: Hinter dem Baum kommt ein Kopf mit einem lachenden Gesicht hervor. Es ist sein Gesicht! Ganz kurz nur sieht er es, dann ist es wieder weg. So als hätte Robin mal eben »Kuckuck« gemacht. Er ist also doch auf dem Foto, steht aber hinter dem Baum.

»Das Foto will ich nicht«, sagt Robin. »Ich will etwas Schönes kaufen.«

»Moment mal«, sagt die große Holz-Evi.

Sie nimmt eine Schachtel Streichhölzer und zündet ein Hölzchen an. Dann hält sie die Flamme an das Foto. Der Baum verbrennt und Robin steht da. Splitternackt.

»Ich will nach Hause!«, schreit Robin.

»Ich weiß nicht, ob das jetzt geht, mein Junge«, sagt Opa.

Opa sitzt auf Robins Bettkante. Er hat seine Brückenwärteruniform an. Es ist schon hell im Zimmer. Der neue Tag hat begonnen.

Robin ist krank. Richtig krank. Ihm ist glühend heiß und zugleich klappert er vor Kälte mit den Zähnen. Schlecht ist ihm auch noch, aber er kann nicht mehr spucken. Weil alles schon rausgekommen ist. Sein Mund ist trocken und der Hals tut weh.

Der Arzt kommt und sagt: »Robin, du bleibst am besten hier bei Oma und Opa. Bis das Fieber gesunken ist. Das kann allerdings ein paar Tage dauern.«

Küks

Drei Tage ist Robin bei Oma und Opa krank. Dann fühlt er sich ein winziges bisschen besser. Onkel Klaas kommt in die große Stadt, um Robin nach Hause zu holen. Er hat für Robin und Schnuff auf dem Rücksitz seines Mercedes Benz ein Bett zurechtgemacht. Sie liegen auf dem Rücken und sehen nur die Baumkronen und die Spitzen der Hausdächer. Und die Schornsteine. Es ist ein Gefühl wie im Kinderwagen durch den Park geschoben zu werden.

Die Fahrt dauert lange, dann endlich sind sie zu Hause.

Onkel Klaas wickelt Robin und Schnuff in eine Decke und trägt sie vom Auto zum Haus. Den Gartenweg entlang. Mama steht an der Haustür.

»Hier bring ich dir deinen kranken Sohn«, sagt Onkel Klaas.

»Danke, Klaas«, sagt Mama. »Ganz herzlichen Dank.«

Onkel Klaas zwickt Robin sanft in die Wange.

»Sieh zu, dass du bald wieder gesund wirst, Boss«, sagt er. »Rufst du uns ab und zu an und erzählst, wie es dir geht? Das wollen wir nämlich gern wissen.«

Robin nickt.

Mama trägt Robin ins Haus. Sie überschüttet ihn mit Küssen.

»Wie kommt es nur, dass du so krank geworden bist?«, fragt sie.

»Durch Papa«, sagt Robin.

»Ich bring dich zu Papa«, sagt Mama.

Sie geht ins Wohnzimmer.

»Ist Papa nicht oben?«, fragt Robin.

»Überraschung«, sagt Mama.

Sie geht bis ans Ende des Wohnzimmers. Dort steht ein großes Bett. Am Fenster. In dem Bett sitzt Papa. Aufrecht. Er sieht ganz munter aus. Als Mama mit Robin vor ihm steht, legt er sein Buch weg und streckt die Arme aus.

»Da bist du endlich!«, sagt er. »Mann, was hab ich auf dich gewartet! Allein krank sein ist nämlich nicht schön. Komm her!«

Mama setzt Robin auf das große Bett und er lässt sich in Papas Arme fallen.

»Geht's dir schon ein bisschen besser?«, fragt Papa.

Robin nickt.

»Auf welcher Seite willst du liegen?«, fragt Papa. »Am Fenster?«

Wieder nickt Robin.

Papa legt ihn auf die Fensterseite.

Robin schaut nach draußen. Die Sonne scheint, am Himmel stehen weiße Wölkchen, und die vorbeifahrenden Radler pfeifen. Sie sind leicht gekleidet und nicht krank. Robin schaut zu den Bäumen im Obstgarten. An ihren Zweigen hängen Äpfel und Birnen. Wenn die reif sind, werden sie gepflückt.

»Da liegen wir also«, sagt Papa. »Hat der Arzt gesagt, wie lange du im Bett bleiben musst?«

Das weiß Robin nicht.

»Ich zwei Wochen«, sagt Papa. »Mann, ich bin echt froh, dass du auch krank bist.«

Na ja ...

»Ich bin nicht froh, dass ich krank bin«, sagt Robin.

»Küks«, sagt Papa. »Findest du es denn nicht gemütlich, zusammen im Bett zu liegen?«

»Doch«, sagt Robin, »aber viel lieber möchte ich draußen Fußball spielen und dann ins Schwimmbad gehen und ab und zu bei dir am Bett sitzen.«

»Küks«, sagt Papa. »Wir beide machen's uns so richtig schön. Wir lesen und malen und puzzeln und erzählen uns Geschichten und machen Spiele ...«

»Das geht viel besser, wenn ich nicht krank bin«, sagt Robin.

»Küks«, sagt Papa. »Ich fühle mich überhaupt nicht mehr krank.«
»Ich noch ein bisschen«, sagt Robin.

Mama kommt ins Zimmer. Mit Suse auf dem Arm.

»Wir fahren zum Einkaufen in die Stadt«, sagt sie. »Sollen wir euch etwas mitbringen? Ein schönes Buch vielleicht?«

»Yes!«, sagt Papa. »Oui. Met plezier. Hurra.«

Robin nickt. Ein schönes neues Buch, das würde ihm gefallen.

Dann geht Mama mit Suse wieder aus dem Zimmer. Robin weiß genau, was sie jetzt macht: Sie setzt Suse in den Kindersitz ihres Fahrrads, schiebt das Rad zur Straße, gibt Suse einen Kuss aufs Köpfchen, fährt los und fängt an zu pfeifen. So hat sie es auch immer gemacht, als Robin noch klein war.

»Ist das nicht herrlich? Wir bekommen beide ein neues Buch«, sagt Papa. »Krank sein ist gesund für unsere Bücherei.«

Was eine Bücherei ist, weiß Robin. Dort stehen ganz viele Bücher. Er hat aber nicht gewusst, dass sie zu Hause auch eine Bücherei haben. Doch wenn er es recht bedenkt, hat er selbst auch eine! In seinem Zimmer ist ein Regal voller Bücher. Das ist seine Bücherei! Und heute kommt ein neues Buch dazu.

»Papa«, sagt Robin.

»Was gibt's?«

»Papa, was heißt ›küks‹?«

»Ich hab schon gedacht, du würdest nie fragen«, sagt Papa. »Küks – das Wort hab ich auch nicht gekannt. Ich hab es von Weißfranz gelernt. Der hat mich gestern besucht und einen Bund Rhabarber mitgebracht. ›Rhabarber ist gesund‹, sagte er, ›wenn du den isst, bist du bald wieder fit.‹ Und als er ins Zimmer kam und mich hier liegen sah, sagte er: ›Der Herr Lehrer hat sein Bett im Wohnzimmer, ist ja küks!‹ Das hat er gesagt. ›Küks‹ bedeutet verrückt oder komisch oder lustig. Weißfranz fand es küks, dass Mama hier im Wohnzimmer ein Bett hat aufstellen lassen. Und mir gefällt das Wort so gut. Darum sag ich es den ganzen Tag über.«

»Küks«, sagt Robin.

»Ich finde es küks, dass wir zusammen hier liegen«, sagt Papa. »Und ich finde es küks, dass du glaubst, die Wassertropfen im Spülbecken wären die Augen vom Neck. Und ich finde es küks, wenn Suse ein Würstchen ins Badewasser …«

»Weißt du, was so richtig küks ist?«, sagt Robin.

»Was denn?«, fragt Papa.

»Küks«, sagt Robin.

»Was ist denn nun küks?«, fragt Papa.

»Küks«, sagt Robin.

»He, ich hab dich gefragt, was küks ist!«

»Küks«, sagt Robin.

»Hör auf, Mann! Was findest du küks?«

»Küks«, sagt Robin. »Ich finde küks küks.«

»Hilfe!«, sagt Papa.

»Das Wort küks«, sagt Robin. »Das finde ich küks.«

Endlich hat Papa kapiert. Er muss so furchtbar lachen, dass er Schluckauf bekommt.

Hick.

»Darf ich bei Onkel Klaas und Tante Betty anrufen?«, fragt Robin.

Er fühlt sich kaum mehr krank, sondern fast wieder gesund, und will es Onkel Klaas und Tante Betty erzählen. Das wollen die beiden nämlich gern wissen.

Papa nimmt den Telefonhörer.

Robin schaut zu, wie Papa es macht, denn er will wissen, wie Anrufen geht. Wenn er es später genauso macht wie Papa, kann er selbst anrufen. Mit einem Mal ist Robin ganz aufgekratzt: Er will alles lernen.

»Hick«, sagt Papa ins Telefon. »Hallo, Betty … hick … ich geb dir Robin. Hick.«

Küks.

Brezeleimerschlange

Robin und Papa feiern ein Fest.

Das Fest dauert nicht einen Nachmittag oder einen Abend, es dauert viele Tage lang.

Robin und Papa wohnen jetzt im großen Bett im Wohnzimmer. Der Arzt sagt, sie seien noch krank, obwohl sie nichts mehr davon merken. Sie fühlen sich pudelwohl und munter wie Fische im Wasser.

Sie bauen Burgen im Bett, sie lassen Spielzeugautos im Bett herumfahren, sie bekommen neue Bücher im Bett, sie spielen Kasperletheater im Bett, sie gucken vom Bett aus durchs Fenster, sie lesen im Bett, sie telefonieren im Bett, sie erzählen einander im Bett Geschichten und Witze, sie bekommen im Bett Besuch, sie malen im Bett, sie hören Radio im Bett, sie putzen sich im Bett die Zähne, sie duschen im Bett …

Nein, das dann doch nicht.

Ab und zu stehen sie auf, um aufs Klo zu gehen, aber hinterher schlüpfen sie schnell wieder ins Bett. Und hin und wieder müssen sie duschen. Sonst fangen sie an zu stinken. Aber sobald sie sauber sind, rennen sie schnell wieder ins Bett. In frischen Schlafanzügen.

»Was für herrliche Ferien haben wir doch«, sagt Papa.

Und sie machen ein Zelt aus dem Bett und spielen, dass sie in China campen. Oder sie machen ein Schiff aus dem Bett und spielen, dass sie über das Nördliche Eismeer fahren. Oder sie machen ein Rennauto aus dem Bett.

»Papa, wann fängt die Schule wieder an?«, fragt Robin irgendwann.

»In fünf Tagen.«

»Geh ich dann wieder in die Vorschule?«

»Nein, das erlaubt der Arzt noch nicht.«

»Und was ist mit dir?«

»Ich geh auch noch nicht in die Schule.«

»Findest du das schade?«

»Ein bisschen«, sagt Papa. »Es macht nämlich Spaß, Kindern etwas beizubringen.«

»Du kannst mir ja das Lesen beibringen«, sagt Robin.

»Das halte ich nicht für gut.«

»Du bist doch Lehrer und willst, dass die Kinder lesen lernen.«

»Alles zu seiner Zeit«, sagt Papa.

»Wir haben doch jetzt ganz viel Zeit!«

»Stimmt«, sagt Papa. »Na gut: ein Wort.«

Papa nimmt ein Blatt Papier und einen Bleistift und schreibt etwas darauf. Drei Buchstaben.

»Was steht da?«, fragt Robin.

Er betrachtet die Buchstaben. Der erste sieht aus wie eine Brezel. Der zweite sieht aus wie ein Eimer und der dritte wie eine Schlange. Brezel, Eimer, Schlange. Brezeleimerschlange. Ob das wohl da steht? Brezeleimerschlange?

»Da steht Bus«, sagt Papa. »Das ist das B, das ist das U und das ist das S.«

»Sieht aber gar nicht wie ein Bus aus«, sagt Robin.

»Nein«, sagt Papa. »Wörter auf Papier sehen nicht so aus wie das, was sie bedeuten. Schau mal, jetzt schreibe ich Baum. Erst kommt das B, dann das A und dann das U und dann das M. Das B und das U kennst du schon von Bus.«

»Sieht auch nicht wie ein Baum aus«, stellt Robin fest. »Aber der Bus hängt so in der Luft. Ich glaube, der will fahren. Schreib doch ein paar Straßen dazu.«

»Gute Idee«, sagt Papa.

Er schreibt Wörter auf das Blatt. Sie sehen alle gleich aus. Papa schreibt Straße, Straße, Straße … ganz viele Male. Ein Dorf voller Straßen, eine Stadt voller Straßen. Jetzt kann der Bus fahren. Und der Baum steht an einer Straße.

»Wenn du erst einmal gut lesen kannst, dann schaust du zwar auf die Buchstaben, aber du siehst sie nicht mehr«, sagt Papa. »Du siehst das ganze Wort.«

Das versteht Robin nicht.

»Beim Lesenlernen schaust du dir jeden Buchstaben an«, erklärt Papa. »Du siehst ein B und dann ein U und dann ein S. Aha, denkst du, da steht Bus! So geht das beim Lesenlernen. Wenn du aber schon viel gelesen hast, dann siehst du mit einem Blick: Da steht Bus. Dann achtest du nicht mehr auf die einzelnen Buchstaben, sondern liest das Wort als Ganzes und siehst einen Bus. Im Kopf.«

»In meiner Fantasie«, sagt Robin.

»Genau«, sagt Papa. »In deiner Fantasie. Du siehst nicht das Wort Bus, sondern einen echten Bus. Einen großen oder einen kleinen, einen roten oder einen blauen.«

»Vielleicht will ich später mal Busfahrer werden«, überlegt Robin laut.

»Und das Schöne am Lesen ist«, fährt Papa fort, »dass man alles lesen kann, was es auf der Welt gibt. Wenn du das Wort Berg liest, siehst du einen Berg. In deiner Fantasie. Wenn du hoher Berg liest, siehst du einen hohen Berg. Wenn du hoher Berg mit Schnee auf dem Gipfel liest, siehst du einen hohen Berg mit Schnee auf dem Gipfel. Auch wenn du solch einen Berg noch nie in echt gesehen hast. Und du kannst sogar auf den Berg steigen. In deiner Fantasie. Bis ganz oben. Bis in den Schnee.«

»Wird man vom Lesen müde?«, fragt Robin.

»Überhaupt nicht.«

»Ich schon«, sagt Robin.

»Siehst du, das hab ich gemeint«, sagt Papa. »Darum warten wir mit den anderen Wörtern noch ein Jährchen. Die bringt dir dann Frau Lievert bei.«

»Ist gut«, sagt Robin.

Er nimmt den Bleistift und ein neues Blatt Papier. Darauf malt er die Buchstaben von Bus. Es klappt ganz gut: erst eine Brezel, dann ein Eimer und am Ende eine Schlange.

Jetzt kann Robin Bus lesen und Bus schreiben.

Bus fahren lernt er dann später einmal.

Anrufen

Das Telefon steht auf der Fensterbank. Vom Bett aus kommt man gut heran. Robin telefoniert jeden Tag mit Tante Betty. Und jeden Tag sagt Tante Betty zu Robin, er solle bald wieder gesund werden.

»Du musst viel Wasser trinken«, sagt sie dann. »Am besten, du stellst ganz viele Gläser mit Wasser auf, und wenn du an einem vorbeigehst, trinkst du es leer und füllst es gleich wieder nach.«

Das sagt Tante Betty jeden Tag und Robin muss jedes Mal lachen.

Jetzt aber will Robin Tante Betty erzählen, dass er schon Bus schreiben und lesen kann. Und dass er schon selbst anrufen kann. Das findet Tante Betty bestimmt toll. Wie anrufen geht, weiß Robin genau. Er hat Papa oft dabei zugesehen.

Robin nimmt den Hörer in die Hand und wählt.

Tuuuuut, macht das Telefon.

Das ist schon mal prima.

Und wieder: tuuuuut.

Jetzt tutet es noch ein Mal, dann geht Tante Betty dran.

Tuuuuut.

Tuuuuut.

Hmmm, das ist aber komisch.

Tuuuuut.

Tante Betty ist nicht zu Hause, denkt Robin.

Tuuuuut.

Oder sie sitzt in der Badewanne.

Tuuuuut.

Robin will schon auflegen, da hört er eine Stimme. Eine tiefe Männerstimme.

»Hallo?«

Das ist nicht Tante Betty. Die hat keine tiefe Männerstimme. Es ist Onkel Klaas, ganz sicher. Der ist sonst immer draußen und arbeitet: Er mäht Gras, macht Heu und pflügt. Aber jetzt gerade nicht. Jetzt ist er am Telefon.

»Hallo?«, sagt die Stimme noch einmal.

»Hallo, Onkel Klaas«, sagt Robin. »Ich kann schon selber anrufen.«

»Ich bin nicht dein Onkel Klaas«, sagt die Stimme. »Wer spricht da?«

»R-r-robin«, sagt Robin. »Und w-w-wer spricht dort?«

»König«, sagt der Mann.

»Wer?«, fragt Robin.

Aber er wartet nicht, bis der Mann es noch einmal sagt. Vor lauter Schreck lässt er den Hörer fallen.

Der König! Er hat den König angerufen! Wie konnte das nur passieren?

Robin springt aus dem Bett und rennt durchs Wohnzimmer, durch die Diele und durch die Küche in den Garten. Dort ist Mama. Das hat sie vorhin gesagt, als Papa meinte, er wolle sich jetzt mal ein Stündchen in die Badewanne legen.

»Mama! Mama!«

Mama sitzt auf einem bequemen Gartenstuhl unter einem Baum und putzt Bohnen. Suse spielt im Laufstall, der neben Mamas Stuhl steht.

»Mama!«

Robin ist so aufgeregt, dass er gar nicht stillstehen kann. Er springt von einem Fuß auf den anderen, so als würde das Gras unter ihm brennen.

»Da ist wer am Telefon!«, ruft Robin.

»Springst du deswegen rum wie verrückt?«, fragt Mama.

Robin schüttelt den Kopf und nickt und schüttelt den Kopf und nickt – alles durcheinander.

Mama steht auf und geht ins Haus. Robin läuft hinter ihr her.

Aber ins Wohnzimmer traut er sich nicht hinein, denn dort ist das Telefon. Er bleibt auf der Schwelle stehen. Mama nimmt den Hörer vom Bett und meldet sich mit ihrem Namen. Sie hört kurz zu und sagt dann: »Es tut mir sehr leid. Mein Sohn hat mit dem Telefon gespielt und … O, wie nett von Ihnen. Gut, das sage ich ihm. Wiederhören, Herr König.«

Mama legt den Hörer auf.

»Warum hast du den Mann angerufen?«, fragt sie.

»Das war der König«, flüstert Robin.

Es ist gut ausgegangen, so viel hat er mitbekommen. Der König ist nicht böse auf ihn. Trotzdem: Wenn Robin die Augen zumacht, sieht er eine goldene Krone und darunter einen Kopf mit grauen Haaren und einem langen grauen Bart. Und zwei glühende graue Augen.

»Ach, mein Junge«, sagt Mama.

Sie geht zu Robin und nimmt ihn auf den Arm.

»Hast du wirklich gedacht, es wäre der König?«

Als Robin nickt, lacht Mama.

»Das war ein netter Herr. Er heißt zufällig König mit Nachnamen«, sagt sie. »Es gibt eine ganze Menge Leute, die so heißen. Und Herr König ist nicht böse wegen deines Anrufs. Ich soll dich von ihm grüßen.«

Mama lässt Robin aufs Bett plumpsen. Robin landet auf Schnuff. Aber das macht Schnuff nichts aus, der lacht nur.

Mama greift nach einem dicken Buch und fängt an zu blättern.

»So, da haben wir's.« Sie hält Robin das Buch hin.

»Das hier ist ein Telefonbuch. Darin stehen alle Leute in unserer Gegend, die ein Telefon haben«, sagt sie. »Mit ihrem Namen und mit ihrer Telefonnummer. Schau mal, in dieser Spalte stehen alle Leute, die König heißen. Es sind …«

Mama zählt.

»… es sind siebzehn. Da steht zum Beispiel Ludwig König und Arthur König und Kalle W. König und Sissy König und Willem König und Alexander König und …«

»Steht Tante Betty auch dabei?«, fragt Robin.

»Tante Betty heißt mit Nachnamen Abbekerk«, sagt Mama.

»Weiß ich«, sagt Robin. »Rufst du bitte für mich bei Tante Betty an?«

Mama wählt und gibt Robin den Hörer.

Tuuuuut, macht es.

Tuuuuut.

»Abbekerk.«

Das ist Tante Bettys Stimme.

»Hallo, Tante Betty, hier spricht Robin.«

Jetzt erzähl ich ihr alles, denkt Robin. Alles … aber was war es gleich wieder? Drei Dinge waren es, drei wichtige Dinge.

»Geht's dir besser, Robin?«, fragt Tante Betty. »Und denkst du daran, viel Wasser zu trinken?«

»Ja«, sagt Robin.

»Ich hab heute leider nicht sehr viel Zeit zum Telefonieren«, sagt Tante Betty. »Weil ich in die Stadt muss, zum Zahnarzt. In zehn Minuten fährt der Bus.«

Da fällt es Robin wieder ein.

»Ich kann schon Bus lesen«, sagt er.

»Das ist ja toll!«

»Und ich kann auch schon Bus schreiben.«

»Noch toller«, sagt Tante Betty.

»Und ich kann schon ganz allein anrufen.«

Halt, denkt Robin, das stimmt nicht!

Aber Tante Betty findet es trotzdem toll. Doch dann muss sie auflegen, weil gleich der Bus fährt.

Held

Was war das?

Robin ist von einem lauten Krachen wach geworden. Hat er von einem Baum geträumt, der seine Wurzeln aus dem Boden zieht und Morgengymnastik macht? Beugen, strecken, beugen, strecken … und dabei kracht der hölzerne Rücken? Robin schlägt die Augen auf. Er liegt neben Papa im großen Bett. Es ist dunkel auf der Welt. Im Wohnzimmer brennt nur eine Nachttischlampe. Und Regen prasselt ans Fenster.

Das Fenster ist ein schwarzes Loch, weil keine Gardine davorhängt. Robin sieht die Tropfen wie kleine Flüsse die Scheibe hinablaufen. Aber plötzlich … wird es draußen taghell. Ein grelles weißes Licht erhellt den Obstgarten. Robin sieht die Apfel- und Birnbäume. Selbst ihre dünnsten Zweige sind zu erkennen, so grell ist das Licht. Und dann … kra-kra-kra-krach … rollt der Donner über den Himmel. Die Welt erzittert.

Ein Gewitter!

Das ist es!

»Papa, Papa, wach auf!«

Aber Papa wacht nicht auf.

»Papa, machst du bitte das große Licht an?«

Papa schläft ruhig weiter. Schnuff auch.

»Papa, wollen wir ein Spiel machen?«

Robin hält Papa die Nase zu. Das hilft: Papa hustet und macht die Augen auf.

»Papa, es gewittert!«

Das hätte Robin nicht extra zu sagen brauchen. Ein enormer Blitz zuckt über den Himmel, gefolgt von einem mächtigen Donnerschlag.

Papa fährt im Bett hoch.

»Wow!«, sagt er.

»Knipsen wir das große Licht an und machen am Tisch ein Spiel?«, fragt Robin. »Dann ist es nicht so gruselig.«

»Nein«, sagt Papa. »Ich verkriech mich unter der Decke, steck mir die Finger in die Ohren und kneif ganz fest die Augen zu. Dann hör und seh ich nichts. Mach es auch so.«

Schnuff findet Papas Vorschlag sehr klug. Er verkriecht sich unter der Decke.

Aber Robin will das nicht.

Robin will, dass das große Licht brennt und dass sie Musik hören und ein Spiel machen. Dann brauchen sie nicht an das Gewitter zu denken. Er packt Schnuff am Ringelschwänzchen und zieht ihn unter der Bettdecke hervor.

»Komm«, sagt er. »Wir gehen zu Mama.«

Robin und Schnuff stehen auf und gehen in die Diele. Robin macht das Licht an. Da ist die Treppe. Mama schläft oben im Elternschlafzimmer. Sie brauchen nur die Treppe hinauf, dann sind sie da. Einfach nur die Treppe hinauf. Kein Problem. Zwölf Stufen geradeaus, um die Ecke und noch drei Stufen. Überhaupt kein Problem. Aber dort … tja … dort lauert der Wolf.

»Komm«, sagt Robin zu Schnuff. »Wir gehen wieder zu Papa.«

Es donnert ungeheuer laut, als würde das Hausdach entzweibrechen. Robin erschrickt so sehr, dass er die Treppe hinaufrennt. Kurz vor der Ecke bleibt er stehen. Und denkt nach. Er denkt nach, bis er eine Idee hat.

»Hör zu, Schnuff«, sagt Robin. »Das ist jetzt nicht schön für dich, aber es muss sein. Ich geh noch zwei Stufen weiter, dann sind wir an der Ecke. Von dort aus werf ich dich hoch. Wenn du oben an der Treppe liegst, springt der Wolf auf dich drauf. Dann kann ich hinter seinem Rücken vorbei zu Mama rennen, und die kommt und rettet dich. Bist du einverstanden?«

Schnuff ist einverstanden. Der Wolf kann ruhig auf ihn draufspringen. Hauptsache, er weckt ihn nicht auf.

»Der Wolf frisst dich bestimmt nicht«, sagt Robin, »weil du ihm nicht schmeckst. Du bist nämlich nicht aus Fleisch und Blut. Also brauchst du keine Angst zu haben.«

Schnuff hat keine Angst.

Robin hat noch ein klein bisschen Angst. Aber er ist auch mutig. Ganz leise setzt er seinen Fuß auf die nächste Stufe. Noch leiser setzt er seinen anderen Fuß auf die übernächste Stufe. Jetzt ist er an der Ecke.

»Tut mir leid, Schnuff«, flüstert er.

Er gibt Schnuff einen Kuss auf den Kopf und wirft ihn hoch. Schnuff landet oben an der Treppe.

Robin hält die Luft an.

Nichts geschieht.

Schnuff liegt auf dem Rücken und schläft. Kein Wolf lässt sich blicken. Wie kann das sein? Ganz vorsichtig geht Robin weiter. Eine Stufe, noch eine Stufe. Womöglich hat der Wolf seinen Trick durchschaut. Vielleicht denkt er: Nanu, da kommt ein Schwein geflogen. Schweine können doch nicht fliegen. Also ist es geworfen worden. Von jemandem. Bestimmt von diesem Robin, der hier im Haus wohnt. Der Robin ist aus Fleisch und Blut und schmeckt viel besser als das Schwein. Den Robin schnapp ich mir.

Vielleicht denkt der Wolf das.

Robin macht das Mutigste, was er je gemacht: Er geht noch eine Stufe weiter und … ist oben.

Weit und breit kein Wolf zu sehen.

Robin knipst das Flurlicht an und hebt Schnuff auf. Er gibt Schnuff zwei dicke Küsse. Einen auf jede Schweinebacke.

»Schnuff«, sagt er, »du bist ein Held.«

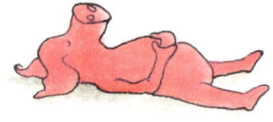

Monster

Im Elternschlafzimmer ist es stockfinster. Aber neben der Tür ist der Lichtschalter, das weiß Robin. Er knipst das Licht an. Nun sieht er das große Bett. Und Mamas strubbelige Haare auf dem Kopfkissen. Die Haare bewegen sich.

»Mama, es gewittert«, sagt Robin. »Stehst du bitte auf?«

»Wie spät ist es?«, fragt Mama. »Und warum soll ich aufstehen, wenn es gewittert?«

»Weil es dann gemütlicher ist«, sagt Robin.

»Ich dreh mich um und schlaf weiter«, sagt Mama. »Es ist noch dunkel.«

»Du sollst aber aufstehen! Dann ist es gemütlicher.«

»Gute Nacht«, sagt Mama.

»Ich hol dich schon aus dem Bett«, sagt Robin.

Er nimmt Anlauf und springt. Ein kleines Stück fliegt er. Und landet auf Mama.

»Hmpfff!«

»Steh jetzt auf, Mama«, sagt Robin. »Dann machen wir zusammen ein schönes Spiel.«

»Zusammen?«, sagt Mama. »Schönes Spiel?«

Sie schlüpft ganz unter die Decke und macht einen Buckel. Robin kullert von ihr herunter. Fast wäre er aus dem Bett gefallen.

Unter der Decke hervor tönt eine tiefe Stimme. So tief wie die Stimme eines Müllers.

»Zusammen?«, sagt die Stimme. »Schönes Spiel? Ich bin nicht deine Mama. Ich bin ein Monster. Auch wenn ich wie ein Berg aussehe, bin ich ein Monster.«

Alles in Ordnung, denkt Robin. Mama ist nicht böse, weil ich sie geweckt habe. Mama will mit mir spielen. Sie ist ein Monster. Wie lieb von ihr.

Plötzlich schiebt sich eine Hand unter der Bettdecke hervor und packt Robin am Bein.

»Das Monster hat grässliche Klauen«, sagt das Monster. »Grässliche Klauen mit hornigen Nägeln. Damit packt es dich. Und dann lässt es dich ... zappeln!«

Das Monster zieht Robin am Bein hoch, sodass er in der Luft hängt. Kopfüber. Er fuchtelt mit den Armen.

»Nicht, Mama! Lass mich los!«

»Monster wissen nicht, was Mamas sind«, sagt das Monster. »Monster haben keine Mamas.«

»Lass mich los!«

»Na gut.«

Das Monster lässt Robin los. Er plumpst aufs Bett.

»So«, sagt das Monster. »Jetzt schlaf ich noch eine Runde.«

Robin nimmt Schnuff unter den Arm und rennt in sein Zimmer. Er knipst das Licht an und macht seinen Spielzeugschrank auf. Da liegen sein Ritterhelm und sein Schwert. Er nimmt beides heraus und setzt Schnuff den Helm auf den Kopf.

»Du bist Ritter Bullerich«, sagt er zu Schnuff. »Weißt du noch? Und ich bin Ritter Validon. Wir haben schon gegen viele Monster gekämpft. Und gesiegt.«

Die Ritter rennen zurück zu dem Monster.

Das Monster sieht immer noch aus wie ein Berg.

»Heisa!«, schreit Ritter Validon. »Angriff!«

Er springt auf das Monster und verteilt Schwerthiebe. Auf den Kopf des Monsters, auf den Rücken des Monsters und auf den Po des Monsters.

»Hilf mir, Ritter Bullerich!«, ruft er.

Aber Ritter Bullerich ist eingeschlafen. Der Helm sitzt schief auf seinem Kopf. Er träumt von einer Prinzessin mit Ringelschwänzchen.

»Dann mach ich's eben allein!«, schreit Ritter Validon. »Heisa!«

Wieder schlägt er mit seinem Schwert auf den Po des Monsters.

Das Monster wird größer und größer und größer und sagt dann mit tiefer Stimme: »Monster mögen keine Ritter. Wenn ein Monster einen Ritter sieht, setzt es sich auf seinen Kopf. Ganz lange.«

Und genau das macht das Monster. Es wird noch ein bisschen größer und stürzt sich dann auf den armen Validon. Mit seinem dicken Po setzt es sich auf den Kopf des Ritters. Ganz lange. Ritter Validon bekommt fast keine Luft mehr.

»Monster sitzen gern auf den Köpfen von Rittern«, sagt das Monster. »So was macht ihnen Spaß.«

Zum Glück hebt das Monster seinen Po. »So«, sagt es, »Jetzt schlaf ich noch eine Runde.«

Ritter Validon springt aus dem Bett und rennt davon.

In seinem Zimmer schmeißt Robin das Schwert in eine Ecke. Er zieht die Decke vom Bett und legt sie über seinen Kopf.

»So«, sagt er mit tiefer Stimme. »Jetzt bin ich auch ein Monster.«

Er geht zum Elternschlafzimmer und bleibt auf der Schwelle stehen.

»Hallo«, sagt er. »Jetzt bin ich auch ein Monster.«

Das große Monster im Bett von Mama und Papa setzt sich auf.

»Weißt du, was eine Mama ist?«, fragt das große Monster.

»Nein«, sagt das kleine Monster, »ich weiß nicht, was eine Mama ist. Monster haben keine Mamas.«

»Frage richtig beantwortet«, sagt das große Monster. »Jetzt die nächste: Magst du Ritter?«

»Wenn ich einen Ritter seh, setz ich mich auf seinen Kopf«, sagt das kleine Monster. »Ganz lange.«

»Frage richtig beantwortet«, sagt das große Monster. »Hast du Klauen?«

»Grässliche Klauen«, sagt das kleine Monster. »Mit hornigen Nägeln.«

»Frage richtig beantwortet«, sagt das große Monster. »Du bist ein Monster, wie ich's liebe. Schlüpf rein.«

Das große Monster hebt die Bettdecke ein wenig hoch.

Das kleine Monster schlüpft darunter.

Da hocken sie nun, Robin und Mama. Mitten in der Nacht. Unter einer Decke. Im großen Bett von Mama und Papa. Schnuff darf auch dabei sein. Der Ritterhelm ist ihm über die Augen gerutscht, aber das macht nichts. Schnuff schaut ja doch nie in die Welt, sondern in sich hinein. Er träumt immer. Jetzt gerade träumt er von einer Mokkatorte.

»Wie spät ist es?«, fragt Mama.

  Nun spricht sie wieder mit ihrer normalen Stimme. Sie greift nach dem Wecker auf dem Nachttisch.

»Viertel nach vier«, sagt sie. »Wir müssen verrückt sein. Es ist Viertel nach vier in der Nacht und wir machen hier Quatsch.«

»Du bist echt gut als Monster«, sagt Robin.

»Du auch«, sagt Mama.

Auf einmal spricht Mama wieder mit tiefer Stimme. »Jetzt schläft das Monster noch eine Runde«, sagt sie.

Und tatsächlich – sie ist im Nu eingeschlafen.

Mann, jetzt wird nicht geschlafen!, denkt Robin. Es gewittert doch!

Aber das stimmt gar nicht. Es gewittert nicht mehr. Robin hat schon eine ganze Weile keinen Blitz mehr zucken sehen und keinen Donner mehr krachen hören. Es regnet aber noch. Die Tropfen prasseln aufs Dach.

Gemütlich ist das …

Gemü…

Ge…

Als Robin aufwacht, ist es draußen hell. Er liegt neben Mama im großen Bett. Von Mama sind nur die Haare zu sehen.

Robin nimmt Schnuff und steigt aus dem Bett. Er stellt sich ans Fußende.

»Hallo, Monster!«, sagt er. »Hallo, Monster!«

»Hä?«, sagt Mama. »Wie spät ist es?«

Sie setzt sich auf.

»He, Monster«, sagt Robin. »Heute Nacht hab ich gesagt, dass ich auch ein Monster bin. Aber das stimmt nicht. Ich bin dein Sohn Robin.«

»Dann hast du also geschwindelt?«, fragt Mama. »Deine eigene Mutter angeschwindelt! Da muss ich mich aber ganz besonders lange auf deinen Kopf setzen. Achtung, ich komme!«

Mama wirft die Decke von sich und kriecht über das Bett auf Robin zu. Auf Händen und Knien. Als sie Robin packen will, weicht er schnell zurück. Mama greift ins Leere, sie purzelt aus dem Bett und landet auf dem Fußboden.

»Endlich bist du aufgestanden, Mama«, sagt Robin. »Jetzt können wir ja ein Spiel machen.«

Stopfen

Papa und Robin sind schon sehr lange krank.

Morgen sind die Sommerferien vorbei, dann gehen die Kinder und die Lehrer und Lehrerinnen wieder in die Schule. Robin und Papa jedoch liegen immer noch im Bett. Sie haben schon alles gemacht, was man im Bett machen kann: schlafen, dösen, dämmern, schlummern, pennen, duseln, pofen, ratzen, schnarchen, ein Nickerchen halten, sich aufs Ohr legen, an der Matratze horchen, träumen, tagträumen, auf der linken Seite liegen, auf der rechten Seite liegen, auf dem Rücken liegen, auf dem Bauch liegen, mit dem Kopf am Fußende liegen, sich herumwälzen, gähnen … Inzwischen langweilen sie sich ziemlich im Bett.

Sie haben schon alle Puzzles gelegt und alle Bücher gelesen. Sie haben schon hundert Kissenschlachten gemacht. Sie haben schon tausend Gläser Wasser getrunken. Sie haben Kasperletheater gespielt. Sie haben Kartoffeln und Äpfel geschält und Bohnen geputzt. Sie haben jede Menge Krankenbesuch bekommen, sie haben mit Tante Betty telefoniert und auch mit Opa und Oma, sie haben jeden Tag mit Suse gespielt. Suse ist nicht krank geworden. Mama auch nicht. Mama und Suse durften, so oft sie wollten, ins Freie und in der Sonne spazieren gehen.

Robin und Papa würden zu gern einmal wieder draußen Fußball spielen.

»Papa«, sagt Robin, »erzählst du mir eine Geschichte?«

»Ich hab schon alle Geschichten erzählt«, sagt Papa.

Das stimmt. Papa hat ungeheuer viele Geschichten erzählt. Robin durfte jedes Mal bestimmen, wovon die Geschichte handeln sollte, und Papa erzählte von einem Dachziegel, einem Grashalm, einem Taschentuch, einem Deckel, einem Schlafsack, einer Klebebandrolle, einem Eimer, einer Zeitung, einem Unterwasserzwerg …

»Ich weiß nur noch eine einzige Geschichte«, sagt Papa. »Aber die ist nichts Besonderes. Sie ist sogar ziemlich doof.«

»Lieber eine doofe Geschichte als gar keine«, sagt Robin.

»Gut«, sagt Papa. »Sie geht so: Es war einmal eine Geschichte und die war eigentlich ein Hund. Ende.«

»War das alles?«, fragt Robin. »Ist die Geschichte schon aus?«

»Ja.«

»Die ist ja echt doof«, sagt Robin. »Soll ich dir mal eine Geschichte erzählen?«

»Gern«, sagt Papa.

»Also«, sagt Robin, »es war einmal ein Junge, der zog um. In dem neuen Haus traute der Junge sich nicht die Treppe rauf, weil oben ein Wolf mit scharfen Zähnen lauerte. Ende.«

»Hört sich nicht an, als ob die Geschichte gut ausgehen würde«, sagt Papa.

»Ich weiß noch nicht, wie sie ausgeht«, sagt Robin.

»Wie hieß der Junge?«, fragt Papa.

»Äh ... Schorschi«, sagt Robin.

»Ich kenne auch so eine Geschichte«, sagt Papa. »Es war einmal ein Junge, der wohnte in der großen Stadt. Im dritten Stock eines Hauses. Man musste drei Treppen hoch bis zu seiner Wohnung. Und noch eine Treppe höher war der Speicher. Aber der Junge ging fast nie auf den Speicher, weil oben an der Speichertreppe ein Wolf lauerte. Auch einer mit scharfen Zähnen.«

»Wie hieß der Junge?«

»Kees«, sagt Papa.

»Warst du das?«, fragt Robin.

»Äh ... ja«, sagt Papa.

»Das war schön blöd von dir«, sagt Robin. »Ich war nämlich bei Opa und Oma auf dem Speicher. Und da ist überhaupt kein Wolf.«

»Dann bist du aber auch schön blöd«, sagt Papa, »denn in unserem Haus lauert auch kein Wolf oben an der Treppe.«

»Das weiß man nie genau«, sagt Robin.

»Stimmt, das weiß man nie genau«, sagt Papa. »Vielleicht hast du ja recht und oben an unserer Treppe lauert wirklich ein Wolf. Das wäre dann Pech für dich. Weil der Wolf dich wahrscheinlich demnächst auffressen wird. Mit Haut und Haar. Wenn er danach einen Rülpser fahren lässt, guckt dein Kopf noch mal kurz raus und du kannst ›Tschüss, lieber Papa!‹ rufen, bevor der Wolf dich runterschluckt. Dann bist du weg. Jammerschade wäre das, wo wir es doch so schön zusammen haben.«

»Das geht doch gar nicht«, sagt Robin.

»O doch«, sagt Papa, »so was hört man öfter.«

»Wie groß ist der Wolf denn?«

»So groß wie eine Kirche.«

»Dann passt er gar nicht in unser Haus! Wie groß ist ein Wolf in echt?«

»Etwa so wie ein kräftiger Schäferhund.«

»Ha, in den pass ich niemals rein«, sagt Robin.

»Wird schon gehen, wenn ich ein bisschen nachhelfe und schiebe und stopfe ...«

»Machst du das wirklich?«

Papa lacht.

»Natürlich nicht«, sagt er. »Ich werd doch meinen eigenen Sohn nicht in einen Wolf reinstopfen! Ich steck dich schon mal ins Bett und auch ins Bad, aber doch nicht in einen Wolf! Niemals! Das mach ich nicht. Versprochen.«

Dann ist es ja gut.

Zauberspruch

Draußen weht es so stark, dass der Wind einem die Wörter in den Hals drückt, wenn man etwas sagen will. Einfach wieder rein und nach unten in den Bauch. Und man muss sie erst auskacken, bevor man sie noch einmal sagen kann. Irgendwo, wo es nicht so stark weht. Aber dazu muss man sie erst sauber machen.

Robin und Papa liegen immer noch im Bett. Dort kann der Wind ihnen nichts anhaben. Dort können sie sagen, was sie wollen.

Sie sprechen über Wölfe.

»Meine Geschichte war noch nicht zu Ende«, sagt Papa. »Ich hab in der Schule einen Vers gelernt. Wenn ich den aufsagte, dann hab ich mich doch die Speichertreppe raufgetraut. Willst du den Vers hören?«

Robin nickt. Ja, das will er gern.

Papa sagt den Vers auf:

»Der böse Wolf ist gefangen

hinter eisernen Stangen,

tut den Schafen auf der Weide

nie mehr was zuleide.«

Der Vers ist gut, denkt Robin.

»Wenn ich Wolf sagte, bin ich eine Stufe hochgegangen, und bei gefangen die nächste, und dann wieder eine bei hinter und bei Stangen und bei Schafen und bei Weide und bei nie und bei zuleide. Wenn ich den Vers zwei Mal aufgesagt hatte, war ich oben angekommen. Und dann hab ich auf dem Speicher trainiert, um Torwart zu werden.«

»Ich weiß keinen Vers«, sagt Robin. »Aber einen Zauberspruch.«

»Lass hören«, sagt Papa.

Robin sagt seinen Spruch auf:

»Blöder Wolf, ich zieh dir dein Fell ab,

dann sehen wir, wer du bist.
Auch wenn wir's schon längst wussten.
Wir sind ganz stark, ganz stark sind wir.
O roter Mohn – bumm, patsch und knall!
Ich spuck in deine Augen,
und ich tret auf deine Zehen. Ganz fest.
Dann bind ich dir die Schnauze zu und ich verbrenn dein Fell.
	Wir sind ganz stark, ganz stark sind wir.

	O roter Mohn – bumm, patsch und knall!«
	»Mannomann!«, sagt Papa. »Der Zauberspruch ist ja viel besser als mein Vers. Mit so schönen Wörtern im Mund hat man drei Tage lang keinen Hunger. Bestimmt ist der Wolf zu Tode erschrocken, als er deinen Spruch gehört hat.«

»Im Gegenteil: Er ist richtig böse geworden«, sagt Robin.
»Woher weißt du das?«
»Ich hab so ein komisches Geräusch gehört, ein Rascheln.«
»Dann war der Wolf nicht böse, sondern ist davongelaufen«, sagt Papa. »Weil er eine Heidenangst hatte. Ganz gewiss. Wenn du deinen Zauberspruch noch ein einziges Mal aufsagst, dann flieht der Wolf für immer.«
»Kommst du mit?«, fragt Robin.
Sie steigen aus dem Bett und gehen durchs Wohnzimmer in die Diele. Zur Treppe.
»Dann mal los«, sagt Papa. »Ich bleib hier stehen.«
»Blöder Wolf«, sagt Robin.
Er setzt den Fuß auf die erste Stufe.
»Ich zieh dir dein Fell ab.«
Anderer Fuß auf die zweite Stufe.
»Dann sehen wir, wer du bist.«
Dritte Stufe.
»Auch wenn wir's schon längst wussten.«
Vierte Stufe.
»Wir sind ganz stark.«

Fünfte Stufe.

»Ganz stark sind wir.«

Sechste Stufe.

»O roter Mohn – bumm, patsch und knall!«

Siebte Stufe.

»Ich spuck in deine Augen.«

Achte Stufe.

»Und ich tret auf deine Zehen.«

Neunte Stufe.

»Ganz fest.«

Zehnte Stufe.

»Dann bind ich dir die Schnauze zu.«

Elfte Stufe.

»Und ich verbrenn dein Fell.«

Zwölfte Stufe.

Jetzt muss Robin um die Ecke. Er geht. Er geht einfach. Die Wörter reichen noch bis oben.

»Wir sind ganz stark.«

Dreizehnte Stufe.

»Ganz stark sind wir.«

Vierzehnte Stufe.

»O roter Mohn – bumm, patsch und knall!«

Robin ist oben.

Kein Wolf zu sehen.

»Und?«, ruft Papa von unten.

»Nichts!«, ruft Robin.

»Das ist vielleicht ein toller Zauberspruch!«, ruft Papa.

Robin hüpft drei Stufen hinunter. Und um die Ecke. Unten steht Papa.

»Darf ich springen?«, fragt Robin.

Papa steigt ein paar Stufen höher, streckt ihm die Arme entgegen und Robin springt.

Robin fliegt.

Und Papa fängt ihn auf.

Sauber

Es regnet Bindfäden, es regnet Schusterjungen, es regnet Katzen und Hunde, es regnet Kühe und Schafe, es regnet Elefanten und Giraffen. So stark regnet es. Robin hat den Regen gern. Dann ist es im Haus schön warm und schön trocken. Der Regen ist Robins Freund.

Aber für die Kinder, die heute zum ersten Mal wieder in die Schule müssen, ist der Regen alles andere als schön. Robin sieht sie vom Bett aus. Manche haben einen Schirm, andere eine Kapuze und wieder andere halten sich die Schultasche über den Kopf. Robin kann sie gut sehen. Der Fußweg von der Straße zur Schule führt am Fenster vorbei. Die Kinder aber bemerken Robin nicht. Sie haben den Blick nach vorn gerichtet und rennen und denken: Wär ich doch schon drinnen!

Robin sieht Pieter und Rudi und Marjan und Nellie und Alexander und Elias und Sil und Jan und Jannie und Wiebke – lauter Kinder, die er aus der Vorschule kennt. Darauf hat Robin gewartet!

Er sieht Evi.

Evi hat ihre Kapuze auf und einen Regenschirm aufgespannt. Sie rennt den Weg zur Schule entlang und springt über die Pfützen hinweg. Obwohl Robin ihr Gesicht kaum erkennen kann, ist er sicher, dass es Evi ist. Ganz sicher. Er sieht es an ihrem Mantel, an ihren Schuhen, an der Art, wie sie über die Pfützen springt, und an der Nasenspitze. Die Nasenspitze sieht niedlich aus.

Robin pocht an die Fensterscheibe.

»Evi!«, ruft er. »He, Evi! Hier bin ich! Ich bin krank!«

Aber Evi hört Robin nicht. Er kann pochen und rufen, so viel er will, die Tropfen, die auf Evis Schirm fallen, machen mehr Lärm. Evi hört nur den Regen und denkt: Wär ich doch schon drinnen! Sie rennt am Fenster vorbei und hört und sieht Robin nicht.

So ein Mist!

Robin denkt nach.

Um die Mittagszeit gehen die Kinder nach Hause. Dann laufen sie wieder am Fenster vorbei. Alle Kinder, auch Evi. Dann soll Evi mich aber sehen, denkt Robin, dann soll sie mir zuwinken.

»Papa«, sagt er, »stellst du bitte das Kasperletheater am Fenster auf?«

Papa liegt im Bett und liest ein Buch.

»Was hast du vor?«, fragt er.

»Theater spielen«, sagt Robin. »Wenn die Kinder wieder aus der Schule kommen. Dann können sie alle zuschauen.«

»Bei dem Regen?«, fragt Papa.

»Sie haben doch Schirme oder Kapuzen«, sagt Robin. »Oder eine Schultasche über dem Kopf.«

»Stimmt auch wieder«, sagt Papa.

Er steht auf und stellt das Kasperletheater ans Fenster. Dann legt er sich wieder ins Bett. Mit seinem Buch.

Das Kasperletheater ist gelb und hat einen rot-weißen Vorhang. Auf die Vorderseite sind Kasperle und Gretel gemalt. Robin hat das Theater zum Geburtstag bekommen. Und eine ganze Reihe Handpuppen: Kasperle und Gretel, einen Räuber mit Augenklappe, einen König, eine Prinzessin und einen Polizisten. Die Puppen hat Robin auch zum Geburtstag bekommen. Als er fünf wurde.

Robin betrachtet die Puppen. Er will sich ein Stück ausdenken. Sonst weiß er nachher nicht, was er spielen soll.

Es ist still im Haus. Viel stiller als vorhin. Wie kann das sein? Liest Papa leiser? Nein, das ist Quatsch. Robin schaut zu Papa und zu dem Buch in seinen Händen. Sonnenlicht fällt auf das Buch. Das ist der Grund! Es regnet nicht mehr. Darum ist es so still.

Robin schaut aus dem Fenster. An den Blättern der Bäume hängen noch Regentropfen. Sie funkeln im Sonnenlicht. Und die Pfützen auf dem Weg zur Schule sehen wie Spiegel aus. Vom Boden steigt Dampf auf. Die Welt ist frisch gewaschen. Noch nie war sie so sauber.

Robin überlegt, was für ein Stück er nachher spielen will. Er überlegt und überlegt, bis die Schulglocke klingelt. Ist etwa schon Mittag? Und er hat noch keine Geschichte! Machen die Kinder sich schon auf den Nachhauseweg? Kommen sie gleich an seinem Fenster vorbei?

Nein. Es ist Pause. Große Pause.

Robin hört, wie die Kinder aus dem Schulhaus kommen. Er hört, wie sie auf dem Hof bei der Schule lachen und schreien und singen. Wie gern wäre er dabei!

Aber er ist nicht dabei. Er sitzt neben Papa im Bett und überlegt. Er überlegt, bis die Kinder wieder ins Schulhaus gehen, um Lesen und Schreiben lernen. Er überlegt und plötzlich … hat er eine Idee. Er weiß, was für ein Stück er spielen will!

Gerade noch rechtzeitig.

Denn die Schulglocke klingelt wieder. Robin hört Stimmen und dann Schritte auf dem Weg zur Straße. Er macht das Fenster weit auf und kniet sich hinter das Kasperletheater. Schnell stülpt er sich zwei Puppen über die Hände: Kasperle und Gretel. Er hält beide hoch.

Das Stück kann beginnen.

Küssen

»Guck mal! Ein Kasperletheater!«, sagt eine Mädchenstimme draußen.

Das fängt gut an, denkt Robin.

Er weiß, was er sagen und was er machen will.

Als Erstes spricht Robin mit Kasperles Stimme.

»Gretel«, sagt Kasperle, »heute such ich mir Arbeit. Ich hab schon lange nicht mehr gearbeitet. Vielleicht kann ich Arzt werden. Oder König. Oder Lehrer.«

Dann spricht Robin mit Gretels Stimme.

»Viel Erfolg, Kasperle«, sagt Gretel.

Kasperle gibt Gretel einen Kuss auf die Wange.

»Kuss auf die eine Wange«, sagt er. »Und Kuss auf die andere Wange.«

Er küsst Gretel auf die andere Wange.

»Zusammen drei Küsse. Das reicht für heute«, sagt Kasperle.

Ein paar Kinder lachen.

Es läuft prima, denkt Robin.

»Aber Kasperle!«, sagt Gretel. »Was bist du dumm! Ein Kuss und noch ein Kuss – das sind doch nicht drei Küsse! Wer so dumm ist wie du, der kann niemals König werden. Und auch nicht Arzt. Und schon gar nicht Lehrer.«

»Ich hab eine Idee, Gretel«, sagt Kasperle. »Ich geh heute in die Schule. Aber nicht als Lehrer, sondern als Schüler. Ich will zählen lernen.«

»Sehr vernünftig«, sagt Gretel.

»Hier hast du noch einen dicken Kuss extra«, sagt Kasperle. »Das ist dann Nummer fünf.«

Und er gibt Gretel den dritten Kuss.

Die Kinder lachen wieder.

Jetzt wird es schwierig. Denn Robin muss die Hand mit Kasperle weiter hochhalten und die Hand mit Gretel sinken lassen und dann Gretel gegen den Polizisten austauschen. Und zu allem Überfluss muss Kasperle auch noch ein Lied singen.

»Pom pom pom«, singt Kasperle. »Pom pom pom. Ich gehe in die Schule und ich lerne alle Zahlen. Und wenn ich keine Gretel hätt, dann würd ich nicht so strahlen.«

Gretel von der Hand runterzubekommen, ist kein Problem, den Polizisten draufzubekommen ist dafür umso schwieriger.

»He, Kasperle!«, ruft ein Junge. »Ich seh bloß noch deine Mütze!«

War das nicht Pieters Stimme?

Robin hebt die Hand mit Kasperle etwas höher. Papa kniet sich neben Robin und hält den Mantel des Polizisten auf.

So geht es besser: Robin schiebt seine Hand hinein. Und der Polizist taucht oben auf.

»Hallo, Kasperle«, sagt der Polizist. »Wo gehst du hin?«

»In die Schule«, sagt Kasperle.

»Dafür bist du viel zu alt«, sagt der Polizist.

»Zum Lernen ist man nie zu alt«, sagt Kasperle.

»Aber zu alt, um in die Schule zu gehen«, sagt der Polizist. »Wie alt bist du überhaupt?«

»Fünftausend«, sagt Kasperle.

Die Kinder lachen schallend.

Es läuft immer besser.

Robin dreht Kasperles Kopf so, dass er aus dem Theater heraus zur richtigen Schule schaut.

»Ich kann die Schule schon sehen«, sagt Kasperle. »Da geh ich jetzt hin.«

»Da darfst du nicht rein«, sagt der Polizist. »Du passt nicht auf die kleinen Stühle. Und du bist zu alt, sogar älter als die Lehrerin.«

»Nein«, sagt Kasperle.

»Doch«, sagt der Polizist.

»Nein.«

»Doch.«

»Nein.«

»Doch«, sagt der Polizist. »Und wenn du trotzdem in die Schule gehst, dann hau ich dir mit meinem Knüppel auf den Kopf.«

Wo ist der Knüppel?

Auf der Fensterbank.

Der Polizist bückt sich nach dem Knüppel. Ach du Schreck: Es ist gar nicht der Polizist. Es ist Kasperle. Kasperle nimmt den Knüppel und gibt ihn dem Polizisten.

»Bitte sehr«, sagt er.

Die Kinder lachen sich schlapp.

»Ich geh trotzdem in die Schule«, sagt Kasperle.

»Dann hau ich dir auf den Kopf«, sagt der Polizist.

Er haut Kasperle mit dem Knüppel auf den Kopf.

»Eins«, sagt er.

»Ich geh trotzdem in die Schule«, sagt Kasperle.

Wieder haut der Polizist ihm auf den Kopf.

»Zwei«, sagt er.

»Du kannst mich nicht aufhalten«, sagt Kasperle.

Der Polizist haut ihm noch einmal auf den Kopf.

»Drei«, sagt er.

»Ich will zählen lernen«, sagt Kasperle.

Der Polizist haut wieder.

»Vier!«, rufen die Kinder.

»Ich hab es Gretel versprochen«, sagt Kasperle.

Der Polizist haut Kasperle zum fünften Mal auf den Kopf.

»Fünf!«, rufen die Kinder.

»Stopp!«, sagt Kasperle. »Hör auf damit. Für heute hab ich genug gelernt. Ich brauch nicht mehr in die Schule zu gehen.«

»Gut so«, sagt der Polizist.

Jetzt wird es wieder schwirig für Robin. Denn er muss den Polizisten auf seiner Hand gegen Gretel austauschen. Papa hilft ihm und so klappt es gut.

Kasperle singt ein Lied: »Pom pom pom, pom pom pom. Ich

wollte in die Schule und ich wollte zählen lernen, aber in der Schule war ich nicht und mein Kopf ist voll mit Sternen.«

Robin hält Gretel hoch.

»Kasperle«, sagt Gretel. »Du hast ja lauter blaue Flecken am Kopf!«

»Gretel«, sagt Kasperle. »Komm mal her zu mir.«

Er gibt ihr einen Schmatzkuss auf die Wange.

»Eins«, sagt er.

Dann gibt er ihr einen Schmatzkuss auf die andere Wange.

»Zwei!«, rufen die Kinder.

Noch ein Kuss.

»Drei!«

Und noch einer.

»Vier!«

»Eins, zwei, drei, vier ...«, sagt Kasperle.

»Fünf!«, rufen die Kinder.

Da gibt Kasperle Gretel einen fünften Kuss.

»Kasperle«, sagt Gretel, »du hast ja ganz viel in der Schule gelernt. Jetzt kannst du Lehrer werden.«

Sie umarmt Kasperle und gibt ihm einen Kuss auf den Mund.

»Sechs!!!«

So bleiben Kasperle und Gretel stehen: die Arme umeinander und die Münder aufeinander. Daran sollen die Kinder sehen, dass das Stück zu Ende ist.

Sie merken es auch gleich und fangen an zu klatschen.

»Du musst dich verbeugen«, sagt Papa. »Das gehört sich so nach einer Vorstellung.«

Aber wie soll man sich verbeugen, wenn man hinter dem Theater sitzt? Klar kann man sich so verbeugen, aber niemand sieht es.

»Steck den Kopf raus«, sagt Papa.

Robin steckt den Kopf raus – und kriegt einen Riesenschreck!

Vor dem Fenster stehen nämlich keine zehn Kinder, nein, die ganze Schule steht da. Alle Kinder und die Lehrer und Lehrerinnen auch.

»Du musst nicken«, sagt Papa. »Dich sozusagen mit dem Kopf verbeugen.«

Robin nickt.

Die Zuschauer klatschen noch lauter. Sie stehen in sechs Reihen. Robin kennt sie alle: die Lehrer, die Lehrerinnen und die Kinder.

Und ganz vorn steht … Evi.

Sie lacht. Ihre Nasenspitze leuchtet vor Vergnügen.

Und sie winkt Robin zu.

o

Sie sind gesund.

Der Arzt hat es gesagt: Robin und Papa sind gesund und dürfen wieder in die Schule. Papa geht zu den ältesten Kindern, um Unterricht zu geben. Robin geht zu den jüngsten Kindern, um zu lernen.

»Wie schön, dass du wieder gesund bist, Robin«, sagt Frau Ina.

Das findet Robin auch.

Frau Ina ist die neue Vorschullehrerin. Vorher war es Frau Tineke. Aber die hat kurz vor den Sommerferien geheiratet und ist weggezogen. Jetzt wohnt sie in der großen Stadt. Robin war in Frau Tineke verliebt. Doch das ist er längst nicht mehr.

Frau Ina hat blondes Haar und eine Brille, die wie ein Schmetterling aussieht. Robin könnte sich in sie verlieben, aber das geht nicht mehr. Weil er schon verliebt ist: in Evi.

»Such dir einen Platz im Stuhlkreis«, sagt Frau Ina.

Das Suchen fällt nicht schwer, denn Evi winkt Robin zu. Mit der einen Hand winkt sie und die andere Hand legt sie auf den Stuhl neben sich. Der ist für Robin. Für Robin und keinen anderen.

Robin setzt sich neben Evi.

»Kinder«, sagt Frau Ina. »Robin war eine ganze Weile krank. Wer möchte ihm erzählen, was wir in der Zwischenzeit alles gelernt haben?«

»Ich!«

»Ich!«

»Ich!«

Jeder möchte Robin erzählen, was sie alles gelernt haben, während er krank war.

»Wir haben im Freien gespielt!«, ruft Rudi.

»Im Sandkasten!«, ruft Wiebke.

»Wir haben bei Robin Kasperletheater geschaut«, sagt Evi.

»Wir haben Fußball gespielt!«, ruft Alexander.

»Wir haben *Fischer, wie tief ist das Wasser* gespielt!«, ruft Sil. »Und ich hab mir meine Nase an der Mauer gestoßen und Nasenbluten gekriegt.«

»Alles richtig«, sagt die Lehrerin. »Aber eigentlich meine ich die Sachen, die wir drinnen gemacht haben. Da habt ihr doch etwas gelernt, oder?«

»Nein, haben wir nicht«, sagt Rudi.

»Haben wir doch«, sagt Evi. »Wir haben einen Buchstaben gelernt. Den Buchstaben A. A wie Affe.«

»Sehr gut, Evi«, sagt die Lehrerin. »Und heute sollt ihr einen neuen Buchstaben lernen. Den Buchstaben O.«

»O, o«, sagt Rudi, »O, o …«

»Sehr gut, Rudi«, sagt Frau Ina. »Genau so klingt das O. Und jetzt alle: Macht wie Rudi die Lippen rund und sagt O.«

Die Kinder machen es und sagen O. Im Zimmer summt es wie in einem Hummelnest.

»O wie Onkel«, sagt die Lehrerin. »Und O wie Oma und Opa.«

Und wie o roter Mohn, denkt Robin.

Ooooo rooooter Mooooohn. Sooooommer im Oooobstgarten.

»So rund wie eure Münder sind, wenn ihr O sagt, so rund ist auch der Buchstabe O, wenn man ihn schreibt«, sagt Frau Ina.

Rooooootkooooohl und rooooote Rooooosen, denkt Robin.

Die Lehrerin schreibt den Buchstaben O an die Tafel. Schön rund sieht er aus.

Ooooonkel Kooooos kooooocht Rooooootkoooohl, denkt Robin.

»Du kannst aufhören, Robin«, sagt Frau Ina. »Jetzt wissen wir es.«

Robin erschrickt.

Alle Kinder sind bereits still, nur er hat weitergesummt. Als Einziger. Auf seinem Stuhl mitten im Raum.

Die anderen lachen. Frau Ina lacht auch. Und dann ist auch schooooon grooooße Pause.

Die Kinder rennen ins Freie. Robin und Alexander laufen zu den Bäumen am Rand des Schulhofs. Unter den Bäumen liegen keine Steinplatten. Dort ist der Boden aus Erde. Erde, in die man Kuhlen für die Murmeln machen kann. Erde, in die man Buchstaben schreiben kann.

Robin schreibt ein B und ein U und ein S.

»Was steht da?«, fragt Alexander.

»Bus«, sagt Robin.

»Sieht gar nicht so aus«, sagt Alexander.

»Stimmt«, sagt Robin. »Trotzdem steht es da.«

Alexander malt ein O. Und noch ein O. Und noch eins. Er schreibt die Os direkt nebeneinander. Mindestens zehn sind es. Zehn runde Os.

»Was steht da?«, fragt Alexander.

»O o o o o o o o o o«, sagt Robin.

»Falsch«, sagt Alexander. »Da steht Kette.«

»Ach ja«, sagt Robin.

Und auf einmal ... bekommt Robin einen Kuss. In den Nacken.

Er ist ganz sicher: Das war ein Kuss. Er hat es gespürt und auch gehört.

Mmm.

Ein kleiner zarter Kuss.

Robin dreht sich um und sieht Evi und Jannie davonrennen. Sie gucken sich um und ersticken fast vor Lachen.

»Ooooo, ich hab's gesehen!«, ruft Rudi. Er steht mit ein paar anderen Jungs drei Bäume weiter. »Ooooo, ich hab's gesehen!«

»Hast du es auch gesehen?«, fragt Robin Alexander.

»Was?«, fragt Alexander.

»Dass ich einen Kuss bekommen hab«, sagt Robin. »Aber ich weiß nicht, von wem: von Evi oder von Jannie.«

»Ich hab nichts gesehen«, sagt Alexander.

»Ooooo, ich hab's gesehen!«, rufen jetzt alle Kinder.

Das heißt, nicht alle. Robin und Alexander rufen nichts. Weil sie nichts gesehen haben.

Ach, denkt Robin, ich weiß ja, wer mir den Kuss gegeben hat. Ich hab's gespürt und auch gehört. Der Kuss war so sanft und so zart, das kann nur Evi gewesen sein.

»Ooooo, ich hab's gesehen!«, ruft Rudi. »Evi hat Robin geküsst!«

Na also.

Ende

Robin liegt im Bett. Es ist spät und draußen schon dunkel. Aber Robin kann nicht schlafen. Schnuff dagegen schläft. Den kann man oben auf ein Flugzeug setzen, das hoch am Himmel fliegt, und er schläft. Schnuff kann sogar unter Wasser schlafen. Und in einem Kühlschrank. Im Gefrierfach. Wenn er die Treppe runterfällt, schläft er Stufe um Stufe um Stufe und unten angekommen, schläft er weiter. Schnuff ist nur dann wach, wenn Robin es will.

»He, Schnuff«, sagt Robin. »Wach mal auf.«

Schnuff macht die Augen auf. Er guckt ganz schläfrig und benommen. Aber er lächelt Robin an. Bestimmt hat er etwas Schönes geträumt.

»Was hast du geträumt?«, fragt Robin.

Schnuff gibt keine Antwort, er schläft schon wieder.

Er hat geträumt, dass er oben auf einem Flugzeug sitzt.

Draußen klingen die Stimmen von Mama und Papa. Ziemlich leise, aber Robin kann sie hören. Er versteht aber nicht, was gesagt wird. Robin will zu Mama und Papa, aber das darf er nicht. Er soll ja schlafen.

Er macht das Lämpchen über seinem Bett an und guckt um sich. Er sieht die Bilder an den Wänden und seine Bücher auf dem Regal über dem Tisch. Er sieht seine Kleider auf dem Stuhl und seinen Bademantel, der an der Tür seines Spielzeugschranks an einem Haken hängt. Er sieht den Spiegel über dem Waschbecken. Robin hält die Hände ins Licht der Lampe und macht Schattenfiguren an die Wand. Einen Hund und eine Schlange und eine Frikadelle. Robin ist froh, dass er wieder in seinem Zimmer schläft. Es war gemütlich mit Papa unten im Wohnzimmer, aber am liebsten schläft er in seinem eigenen Bett. Und hat seine eigenen Sachen um sich. Robin macht das Lämpchen wieder aus.

Ich muss an etwas Schönes denken, sagt er sich, dann schlafe ich ein. Er macht die Augen zu und denkt an einen Schmetterling, an den schönsten Schmetterling, den er je gesehen hat. Der Schmetterling tanzt im Garten durch die Luft, im Garten hinter dem Haus mit dem großen Baum und dem dicken Ast mit der Schaukel und mit dem Hühnerstall voller Hühner und Eier und Stroh. Beim alten Haus gab es keinen Hühnerstall. Der Schmetterling tanzt durch den Obstgarten, wo an den Zweigen der Bäume Äpfel und Birnen reifen. Der Schmetterling tanzt den ganzen süßen Sommer lang. Er legt ein Ei auf ein Blatt und tanzt weiter. Und weiter. In den Herbst hinein.

Robin kann ihn nicht mehr sehen.

Und er ist immer noch wach.

Robin nimmt Schnuff unter den Arm und steigt aus dem Bett. Er zieht den Vorhang zurück. Dann macht er die Tür zur Dachterrasse auf und geht hinaus. Das alte Haus hatte keine Dachterrasse. Hier aber gibt es eine. Robin stellt sich auf die unterste Strebe des Geländers und schaut nach oben. Da sind die Sterne, sie funkeln am Nachthimmel. Hundert Sterne, tausend Sterne, hunderttausend, eine Million, eine Milliarde, unzählbar viele. Robin kommt sich kleiner vor als ein halbes Sandkörnchen. Darum schaut er schnell nach unten.

Mama und Papa sitzen auf den Stufen, die in den Garten führen. Auf einem Tisch brennen Kerzen. Heute Abend brennen die Kerzen besonders schön. Robin sieht auch zwei Tassen und eine Teekanne auf einem Stövchen. Wenn er wollte, könnte er direkt in die Tassen spucken. Oder pinkeln. Aber das will Robin nicht. Er beugt sich über das Geländer.

»He! Ihr da unten!«, ruft er.

Mama und Papa sehen hoch.

»Vielleicht findet ihr's komisch«, sagt Robin, »aber mir ist sooo langweilig.«

»Dann komm schnell runter«, sagt Papa. »Aber zieh dir erst was Warmes an.«

Es hat geklappt.

Robin schlüpft in seinen Bademantel, rennt die Treppe hinunter, rennt durch die Diele in die Küche, rennt zur Hintertür raus. Mit Schnuff unter dem Arm.

Papa hebt Robin hoch.

»Schau mal genau hin«, sagt er. »Da über dem Kirchturm stehen sieben Sterne. Zusammen sehen sie aus wie ein Wagen.«

Papa deutet mit dem Finger zum Himmel.

»Links ist die Deichsel und rechts der Kasten.«

Robin sieht die Sterne. »Wie ein Bollerwagen«, sagt er.

»Genau«, sagt Papa.

»Oder wie ein Stieltopf«, sagt Mama.

»Das auch«, sagt Papa, »ein Bollerwagen und ein Stieltopf und die sieben Sterne heißen zusammen auch Großer Bär.«

»Warum?«

»Gute Frage«, sagt Papa. »Ich hab keine Ahnung. Aber ich weiß, dass die Indianer in Amerika, als sie früher Bisons jagten, gern wissen wollten, ob ihre Kinder gute Augen hatten. Wenn man nämlich gute Augen hat und oft mit Pfeil und Bogen übt, dann trifft man immer. Was also machten die Indianer? Sie nahmen ihre Kinder auf den Arm, zeigten auf den Großen Bär und sagten: 'Dort stehen sieben Sterne am Himmel und bei einem davon ist noch ein kleiner Stern.' Jetzt frage ich dich, Robin: Bei welchem Stern siehst du noch einen kleinen?«

Robin schaut ganz genau hin. Er kneift die Augen zu Schlitzen, um noch besser sehen zu können. Erst sieht er sich die Sterne des Kastens an, alle vier, einen nach dem anderen, aber nirgends ist noch ein kleiner Stern. Dann sieht er sich die Sterne der Deichsel an. Erster Stern, nichts, zweiter Stern, ja ... direkt über dem zweiten Stern ... da ist ein winziges helles Sternchen.

»Ich hab's!«, sagt Robin. »Ich seh es! Da!«

Er deutet zum Himmel.

»Welchen Stern meinst du?«, fragt Papa.

»In der Deichsel. Nicht der erste und nicht der letzte, sondern der in der Mitte.«

»Mein schlauer Indianer«, sagt Papa. »Morgen bekommst du Pfeil und Bogen von mir.«

»Ich hab gute Augen, was?«, sagt Robin.

»Supergute Augen«, sagt Papa. »Willst du auch eine Tasse Tee?«

Das will Robin gern.

Papa stellt Robin auf den Boden und geht ins Haus. Robin setzt sich auf die oberste Stufe.

Papa kommt mit einer Tasse wieder und schenkt Tee ein.

»Prost«, sagt Mama.

»Prost«, sagt Papa.

»Prost«, sagt Robin.

Sie stoßen vorsichtig mit den Tassen an und trinken.

»So«, sagt Robin, »und jetzt will ich eine Sternschnuppe sehen.«

»Wenn die Sternschnuppe nur nicht durch den Boden des Stieltopfs fällt«, sagt Mama, »sonst kriegen wir ein gebratenes Ei auf den Kopf.«

»Oder einen Schwapp Suppe«, sagt Papa.

Darüber muss Robin furchtbar lachen. So sehr, dass er fast den Tee aus seiner Tasse verschüttet.

»Oder Blumenkohl«, sagt er.

Und darüber müssen wiederum Mama und Papa furchtbar lachen.

Es ist gemütlich unterm Sternenhimmel. Aber Robin kriegt einen kalten Po. Die Gartentreppe ist aus Stein. Davon kommt es. Und weil sein Po kalt geworden ist, muss er auf einmal dringend pinkeln. Aber er will nicht, denn dazu müsste er aufstehen, und dann würden Mama und Papa vielleicht sagen: »Lauf gleich rauf und leg dich ins Bett.« Das will Robin nicht.

Darum rutscht er auf der Stufe herum. Erst setzt er sich ein Weilchen auf die eine Pobacke, damit die andere warm wird,

dann setzt er sich ein Weilchen auf die andere Pobacke, damit die erste Pobacke wieder warm wird. Das geht ganz gut. So kann man es eine Zeit lang aushalten.

Robin und Mama und Papa sitzen still beisammen. Nur Robin rutscht immer wieder mal hin und her. Sie schauen zu den Sternen empor, zu den stillen Sternen hoch droben am Himmel. Und die Sterne schauen zu Robin und Mama und Papa herunter und zwinkern.

Und dann ... und da ... jawohl ... Robin ist ganz sicher. Er sieht eine Sternschnuppe! Ein heller Streifen, ein glühender Punkt, der am Himmel entlangsaust.

»Habt ihr gesehen? Habt ihr gesehen?«, schreit Robin. »Habt ihr die Sternschnuppe gesehen?«

»Ich hab sie gesehen«, sagt Mama.

»Ich auch«, sagt Papa. »Jetzt dürfen wir uns alle drei etwas wünschen.«

Robin ist froh, dass er nicht aufs Klo gegangen ist.

»Was wünschst du dir, Papa?«, fragt er.

»Das sage ich nicht. Wenn ich es sage, geht der Wunsch nicht in Erfüllung.«

»Und du, Mama?«

»Ich sage es auch nicht.«

»Aber ich«, sagt Robin. »Ich wünsche mir, dass alles so bleibt, wie es jetzt ist. Dass wir drei für immer hier sitzen mit den Sternen und den Kerzen. Im Garten von unserem neuen Haus. Und Suse in ihrem Bettchen muss auch noch dazu. Wir vier. Das ganze Leben lang. Und Schnuff natürlich.«

»Gefällt dir das so gut?«, fragt Papa.

»Ja, es ist wie ein Fest«, sagt Robin.

»Aber jetzt geht dein Wunsch nicht in Erfüllung«, sagt Mama, »weil du verraten hast, was du dir wünschst.«

»Zum Glück«, sagt Robin. »Wenn wir nämlich das ganze Leben lang hier sitzen bleiben, muss ich das ganze Leben lang furchtbar dringend pinkeln.«

»Dann geh schon, Mann!«, ruft Papa. »Hopp!«

Robin springt auf und rennt ins Haus. Er muss so dringend, dass er sich fast in die Hose macht. Er rennt zum Klo, reißt die Tür auf und pinkelt, dass es nur so rauscht. Gerade noch rechtzeitig!

Das ist gut gegangen.

Es soll lieber nicht so bleiben, wie es jetzt ist, denkt Robin. Wenn alles so bleibt wie jetzt, dann ist es für immer dunkel und Suse wird nie mehr wach. Das darf nicht sein. Alles soll weitergehen.

Bloß gut, dass er seinen Wunsch laut ausgesprochen hat.

Ich will ja noch groß werden, denkt Robin, so groß wie Papa. Und Suse muss auch noch groß werden. Wir erleben zusammen Abenteuer. Ich gehe in die Schule in der Stadt und lerne Klavier spielen. Und dann fahre ich wie Opa mit dem Schiff übers Meer bis nach China und noch weiter, um die ganze Welt, und dann sehe ich Haie wie Opa, und über Wölfe lache ich nur. Weil ich nie mehr Angst habe. Und wenn ich schreiben gelernt habe, dann schreibe ich einen Stern, so schön wie es nur geht, und drumherum schreibe ich viel Luft, den ganzen Himmel. Und unter dem Himmel sitzen ich und Mama und Papa und Suse und Schnuff, und das alles schreibe ich auf, mit den schönsten Buchstaben. Die kann ich immer wieder lesen, sodass ich nichts vergesse.

O roter Mohn – bumm, patsch und knall!

Die Lebensfragen eines liebenswerten kleinen Jungen

Sjoerd Kuyper
Robin und Schnuff
Geschichten zum Vorlesen

288 Seiten · Gebunden
mit farbigen Illustrationen
ISBN 978-3-522-30388-0

Ohne sein Schweinchen Schnuff hätte Robin nur halb so viel Spaß. Nicht nur, dass man mit Schnuff wunderbar Ritter spielen kann, er ist auch sonst immer mit dabei: ob Robin eine kleine Schwester bekommt und er mit ihr, Mama und Papa den Viererkuss übt, Robin wissen will, wo Gott wohnt, oder ihm Papa im Bett einfach nur die schönsten Geschichten erzählt.
Ein unübertreffliches Vorlesevergnügen.

www.gabriel-verlag.de